软文营销
入门与实战技巧

陈楠华◎著

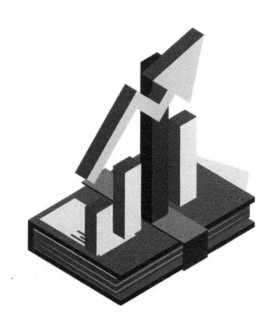

中国商业出版社

图书在版编目（CIP）数据

软文营销入门与实战技巧 / 陈楠华著 . — 北京 : 中国商业出版社，2018.6

ISBN 978-7-5208-0455-4

Ⅰ.①软… Ⅱ.①陈… Ⅲ.①市场营销学－文书－写作 Ⅳ.① F713.50

中国版本图书馆 CIP 数据核字 (2018) 第 146617 号

责任编辑：唐伟荣

中国商业出版社出版发行

010-63180647　　www.c-cbook.com

（100053　北京广安门内报国寺 1 号）

新华书店经销

天津冠豪恒胜业印刷有限公司印刷

*

710×1000 毫米　　1/16　　16.5 印张　　210 千字

2018 年 7 月第 1 版　　2019 年 7 月第 3 次印刷

定价：48.00 元

*　*　*　*

（如有印装质量问题可更换）

前 言
PREFACE

软文营销的力量

在互联网时代，人们对电视、报纸的硬性广告关注度逐渐下降，软文营销逐渐成为企业推广产品和品牌的首选。爆款传播、打造超级 IP、危机公关、品牌塑造等无不运用到软文营销，软文营销的生命力在不断变强，正逐渐成为营销工具的主力军。

如今，不同平台和渠道上流传的软文营销知识繁多且杂乱，缺乏系统而成熟的理论体系，更重要的是缺少可操作性，导致营销人员难以将软文营销的理论与实际操作相结合。

通常，很多营销者会认为，把整个软文营销做得越复杂越能体现写作者和营销者的功力。这完全是一种错误的观念。其实，软文营销做得好，一是要把软文复杂的系统简化成直来直去的简单段落，二是要把营销策略变成直来直去的利益驱动点。即前者属于流程上和系统上的步骤，简单明了、直击人心即可；而后者则属于策略上的步骤。

基于互联网时代的大背景，本书注重新鲜感与时代感，构建了比较完整的逻辑体系，从理论到实践对软文营销进行了 11 章专题内容的详解。

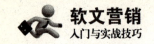

其中包括软文营销的逻辑与策略，软文的常见标题格式，软文的写作技巧，软文的传播方法，不同形式软文营销的特点与技巧等。

本书结合大量真实软文营销案例，全面解读当前软文营销的主流技术，深度讲解软文传播形式与策略，以便于读者紧跟时代、轻松玩转软文的撰写方法和营销技巧。

目　录
CONTENTS

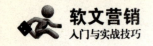

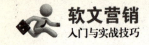

第一章

软文营销的逻辑与策略

软文营销是一种"讲故事"形式的营销手段。软文营销运用灵活的方式将广告隐藏在软文当中,神不知鬼不觉地将广告诉求悄悄植入读者心中。

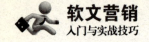

1.1　软文营销

软文营销，即通过特定的概念诉求，以摆事实讲道理的方式使消费者走进企业设定的"思维圈"，以强有力的针对性心理攻击迅速实现产品销售的文字模式和口头传播。

既然被称作软文营销，就说明其与硬广营销之间存在区别，如下图所示。

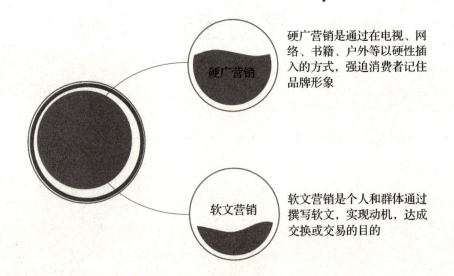

硬广营销是通过在电视、网络、书籍、户外等以硬性插入的方式，强迫消费者记住品牌形象

软文营销是个人和群体通过撰写软文，实现动机，达成交换或交易的目的

这里，来看看胡辛束（微信大号）为星巴克做的一篇软文："从去年夏天开始，我就患上了咖啡依赖症。每天不去给星巴克贡献 30 块钱，好像就对不起自己馋咖啡的瘾。打那以后，每次看到大街上咬着绿吸管的姑娘，我都觉得好感倍增。总觉得我和她们有着相同的症状，而不是一个人孤独地活在咖啡病房里。"

星巴克的这篇软文，体现了以下三个诉求。

侧面诉说产品的优点

顾客的精神诉求

群体代名词

1. 侧面诉说产品的优点

这篇文章很具可读性，明明知道是星巴克的广告，但完全不觉得有广告的骚扰性，不说咖啡豆的产地，不说咖啡机的独特，不说制作工艺的高超，仅仅因为对咖啡有瘾，所以每天去星巴克。为什么不去别家，因为星巴克好呗。是对咖啡有瘾吗？还是对星巴克有瘾吧！

2. 顾客的精神诉求

星巴克是西方文化的代表，在具有一定的经济基础的条件下，崇尚自由、个性、精神需求，而这也是现在 80 后、90 后所追求的；但是从另一个角度看，星巴克现象也反映了顾客的孤独。

3. 群体代名词

这篇软文不声不响地把星巴克这一西方文化的符号表达出来，似是而非地说星巴克是咖啡的代名词，而咖啡是孤独、个性的代名词。

最要命的是，对咖啡有瘾的不仅是胡辛束一个人，那些"大街上咬着绿吸管的姑娘"，都"有着相同的症状"。也就是说那些拿着星巴克咖啡杯，咬着星巴克绿（星巴克主色调）吸管的姑娘们是一个独特的群体，就像豆瓣代表文艺青年一样，这群姑娘鲜明的性格和崇尚西方自由、自我的

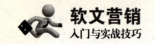
价值观通过星巴克的咖啡展示了出来。

如果你也有类似的性格，如果你恰巧对咖啡也不讨厌，有没有兴趣去买杯星巴克？或者是不是对消费星巴克的人群充满了好感？

1.2 何为"软"文——软文的范畴

软文是相对于硬性广告而言的，由企业的市场策划人员或广告公司的文案人员来负责撰写的"文字广告"。与硬性广告相比，软文之所以叫做软文，其精妙之处就在于一个"软"字，好似绵里藏针，收而不露，克敌于无形。等到受众发现这是一篇软文的时候，已经冷不丁地掉入了被精心设计过的"软文广告"陷阱。软文追求的是一种春风化雨、润物无声的传播效果。

一般而言，软文是指企业主或品牌主为了提升企业形象、品牌宣传、危机公关、营销推广，在报刊杂志、媒体网站、宣传物料等媒介上发布的软性广告类文章。这类文章包括新闻报道、人物传记、科普知识、故事小说、产品测评、案例分析等多种类型。

在一场软文营销当中，为什么需要了解软文的范畴呢？

软文属于一个宽泛的范畴，满足"软"的特质、符合营销目的是两个关键因素。但正由于其宽泛的特征，营销软文往往与新闻稿件、产品说明等文章混淆，在写作时往往思路不清晰。而通过不同类型的文章对比做要素区分，可以使写手们在具体的工作中运用起来得心应手。

1.2.1 软文与文案

但凡提起软文写作，相信很多人都会将软文和文案联系到一起。文案是一个比软文更大的范畴，包括软文在内的广告文字、电影脚本、网站文字、企业简介等都可以称为文案，是利用文字的艺术做市场推广。可以看出，文案和软文之间有很大不同。

软文更多的指一篇完整的文章，围绕一定的主题展开，段落清晰连贯，最终服务于营销目的。

软文的特点

- 软文是一篇完整的文章，运用文字的艺术，把握消费者心理

文案的特点

- 文案包含的范围更加广泛，但同样运用文字留住消费者

但软文和文案有一个共同点——深入把握消费者的心理，立足于消费者需求组织文字，打动消费者，实现营销。有些文案也需要满足"软"的特点，例如网易云音乐的广告文案是"听见·好时光！"正是一个典型的将文案写"软"的案例。

有的文案是一篇软文的中心思想，通过一句文案可以从不同的角度展开来撰写软文，撩动消费者的心。在一定的情况下，软文和文案的唯一区别就是篇幅的长短和句子的凝练问题，而其广告目的是共通的。

1.2.2 软文与新闻稿

新闻稿一般指政府机关、学校、公司等单位通过媒体渠道发布的具有新闻价值的消息。新闻需要包括事件发生的时间、地点、人物或主体、起因、经过、结果，新闻稿形式包括消息、社评、通讯等几大类型。

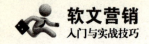

新闻稿相比较其他稿件，特点是迅速及时，也就是时效性非常强，热度时间有限制。其次还需要有新闻撰写者鲜明的观点、内容必须真实、表述方式简洁明确，这是其他类型的稿件所不具有的特点。

在当今的软文营销市场当中，流传着这样一句话，那就是"要将软文写成新闻"。新闻软文是软文的一种，这类软文具有新闻稿独有的"时效性"特点，即巧借东风，利用新闻发生的热度和势头进行营销推广，而鲜明的观点、简洁的表述方式也是新闻软文所要有的。

与传统意义上的新闻稿最大的不同是，新闻软文必须满足营销和广告的目的，不仅要对新闻事件进行报道，同时，要将产品信息巧妙地植入到新闻稿当中。此外，新闻软文的真实性不同于新闻，即新闻软文所借的新闻热点可能是虚构的。

例如，家喻户晓的"脑白金"广告。脑白金上市之初，首先投放的是新闻性软文，如在中老年人朋友圈中广为流传的《人类可以长生不老吗》《两颗生物原子弹》等看似是新闻性质的文章。

这些软文中有一个统一的特点，那就是没有被植入任何广告，只是在大肆渲染身体中一种叫做"脑白金体"的器官。要知道人类都是具有猎奇心理的，特别是对与自身相关的东西尤为关心，所以这类带有新闻性质的软文马上受到了用户尤其是中老年人的广泛关注。

这类软文更是像冲击波一样一篇接一篇，不断冲击着人们的眼球。在读者眼里，这些文章的权威性、真实性不容置疑。虽然这些文章中没有任何的广告，但是脑白金的悬念和神秘色彩却被成功地制造出来。

此时，再推出"脑白金"这个品牌，使得产品迅速得到关注，很快成为了国内最知名的养生保健品之一。

> **新闻软文的特点**
> - 新闻软文借着势头，披着新闻的外衣进行营销

> **新闻的特点**
> - 新闻的时效性更强，更加关注于具有新闻价值的事件

诸如此类的例子还有很多，例如每当苹果新型手机上市之前，网络上总会有很多新机上市的"新闻"出现，这些新闻的标题具有鼓动性，诸如《iPhoneX 香港上市，2 秒内抢购一空》等。但当读者阅读全文之后会发现自己"被骗"了，文章中的内容并不是抢购事件的经过，而是苹果的上市时间、市场布局、新机曝光等已有信息，最后植入自有产品的广告。此类新闻就是借助于苹果新品上线的势头。

可以说，新闻性质的软文和新闻稿之间最大的区别就在于文章的真实性。

1.2.3 软文与产品说明

将产品广告植入产品说明性文章与软文的最大不同在于"软"，前者以产品功能取胜，以类似于产品说明书的形式展示产品功能、优势；而后者以产品的溢价值取胜，迎合消费者的心理，左右消费者的采购决策。

目前不少营销者将产品功能和产品溢价值相结合，另辟蹊径开发出一种新型软文写作的方式。

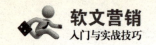

举例来说，有一部分专业人群，又称发烧友，不仅仅对产品本身的功能感兴趣，还对产品的工作原理感兴趣。如某知名运动品牌推出一款新型跑鞋，一般用户只会关心跑鞋的质量、外观，但是发烧友们会好奇这款新型跑鞋采用的是什么新兴科技，这项新科技是怎么实现的，物理原理是什么，这项科技在跑鞋当中的应用会产生怎样的效果。

产品说明类软文的特点

• 产品说明类软文具有科学性，采用另辟蹊径的软文写作方式

普通产品说明的特点

• 普通产品说明相对死板，煽动性弱

正因为有了这样一部分"死忠"，这才衍生出与产品说明相结合的软文形式，有了营销者的另类产品说明——新型跑鞋的物理原理文。这类文字看起来很专业，详解了跑鞋应用的新科技。发烧友们会死磕这个专业的原理图，直到说服自己。而被发烧友带动起来的普通购买用户，会惊讶于这款新型跑鞋的专业性，并且做出相应的购买决策。

利用软文的形式，区别于死板的产品说明，能够使用户对产品产生更大的兴趣，同时用另一种方式传达产品的理念，使用户信任度增加，起到悄无声息地推广产品的作用。

上述三类文章与软文范畴有重合部分，但也有明确的区分界限。把握不同的品牌的特征，选择不同的软文形式进行软文内容策划，能够起到事半功倍的作用。

1.3　各有各的"软"——软文的分类

产品软文是网络营销中的重要部分，一篇好软文可以用较少的投入，提高产品的美誉度和知名度，将潜在的消费者转化为真正的消费者。那么，什么样的软文更能吸引大家阅读下去？甚至让大家转发、讨论并记住其中所提及的品牌？网络营销人员可以考虑从以下几个角度写出优质产品软文。

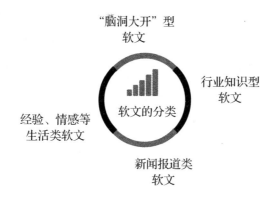

1.3.1　行业知识型软文

该类软文的要点在于利用行业最新动态，体现整个行业的趋势以及自己品牌的优势。平庸的文案在卖产品，优秀的文案在塑造品牌。想要写好行业型软文，需要时刻关注该行业中是否出台新法规、是否有某品牌被曝光、是否有某品牌被收购，任何一个业界新闻，都会成为品牌软文的宣传点。

行业类软文一般面向行业内人群，在一些比较成熟的行业当中都有专业的行业媒体。如科技类的媒体赛迪网、中关村、站长之家在线等，运动类的媒体有腾讯体育、新浪体育、虎扑网等，投资类的媒体有虎嗅网、钛

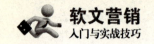
媒体等。这类媒体向行业内人士报道行业重大事件，或者只有专业人士才会关注的动态。

这类软文的价值在于干货，能够向阅读者提供真正有价值的信息。这就要求写作者了解行业情况，能够保证文章内容真实、准确、全面、可靠、深刻，并能够及时掌握行业的动向和重要事件。

一个优秀的行业软文写手可以快速剖析某个现象的产生，并能够快速查找相关的资料作为佐证，撰写出优质的软文。比如微信公众号大号"杨毅侃球"是篮球类的知识平台，杨毅是《体坛周报》篮球部主任、《篮球先锋报》副总编辑、中央电视台篮球解说顾问，对现阶段篮球领域非常了解。在篮球领域有重大事情发生时，他能够很快地对事件进行深度剖析和解读，因而赢得众多粉丝的好评。

不仅仅是个人媒体可以做到在行业知识领域进行软文营销，企业主和品牌主同样可以根据自身产品的特征，结合当今行业中的热点新闻进行营销。

例如，此前国家出台有关奶粉新政，这一事件受到了人民群众的广泛关注，尤其是女性群众。那么，从法规公开征集意见、到公布、到正式实施，此间的每一个阶段，奶粉类品牌在策划软文的时候都可以借势，用行业知识型软文证明本品牌的优势，做到完美营销。

1.3.2　新闻报道类软文

新闻报道类软文通常是企业主为了宣传新产品、企业文化而撰写的软文，比如新产品发布会、新闻发布会、公益活动等等。这种类型的软文，是以媒体报道的口吻、新闻的手法和新闻体正文结构，完成后会发布在相关媒体的新闻栏目当中。在新闻报道类的软文当中会出现企业产品介绍，品牌推销等内容夹杂在正文当中。

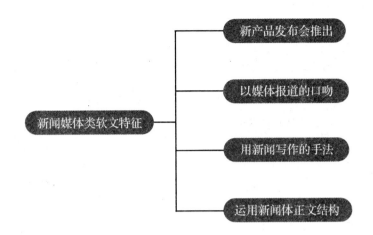

但新闻报道类软文不同于生硬的广告植入，这类软文当中关于产品的内容，是顺着正文逻辑自然而然引导出来的结果，反而因为其新闻报道类的形式而受到群众的信任。

现如今，大多数企业的官网都有一个叫做新闻报道的栏目，记录公司的重大活动、项目、新产品以及公司重要人物的采访等，主要分为新闻通稿、新闻报道和媒体访谈三种。

有些企业主为了争取更多的新闻报道还会策划事件。举一个十分著名的案例，2013 年，中国经济年度人物评选会上，格力电器董事长兼总裁董明珠和小米公司董事长兼首席执行官雷军设下赌局，对赌小米 5 年之内销售额能不能超过格力电器，赌资由原先的 1 亿元升至 10 亿元。

在媒体进行报道时，多以娱乐的口吻来描述小米和格力的销售情况、用户评价等，进而预测 5 年之后的发展趋势，将两家企业更多的"销售信息"公布于众。无疑，这是在通过媒体报道做广告。而这个赌局也变相地表明两家企业对自家产品的信心，进而增强消费者的信心，可以说是双赢。

这就是一个策划新闻报道的事件，可以说新闻编辑免费充当了两家企业的软文写手，这种营销策略很高明。

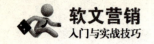

1.3.3 经验、情感等生活类软文

这一类的软文适用范围比较广泛，比如生活常识类、情感故事类、笑话段子类等等，企业主通常利用这类软文迷惑阅读者，将产品信息植入，进而实现导流或提高转化率的目的。

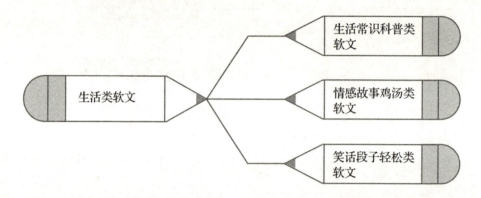

人都有感性与脆弱的一面，说不准哪一个点就能戳中其痛点或泪点。在网络上流传这样一句话——"广告，我只服泰国人！"这不是因为泰国的产品有多么的好，而是泰国广告的设计十分精巧，每一个广告都像是一部小电影，电影中的情节往往都能够戳中用户的心灵，或是痛点或是泪点，利用最后的反转，让产品深深地植入到观众的心中。

例如潘婷洗发水的泰国广告，耳聋的女孩想学小提琴却遭到嘲笑，一位大叔给了她信心，她用破旧的小提琴拉出美妙的旋律，与之相应的是她美丽的秀发。在潜移默化之中，潘婷进入了观众的心里，这样的传播效果更深刻、更牢固。在软文写作中，完全可以以一个普通人的角度平白直叙，在朴实的个人经历描写中带入产品，使读者动容。

和泰式广告这种软文营销方式有异曲同工之妙的软文形式还有经验类软文，分享经验的软文之所以能够牢牢抓住用户的心，也同样是运用了戳中痛点的原理。

例如，一篇《你每天摄入多少食品添加剂，我是 40 多种……》的微信推文曾经在朋友圈被疯狂转发，文章中分析了一位年轻女白领一日三餐摄入食品中食品添加剂的种类和量，最后得出答案，这位年轻女性每天摄入 40 多种食品添加剂，比如防腐剂、着色剂等。

这篇推文最终落脚到一个微信调研，调研的名字是"你知道为什么 ×× 的产品是纯天然无添加的吗？"并同时给用户三个答案选项：答案 A 是"因为 ×× 的材料好呗，根本不需要添加剂"；答案 B 是"因为 ×× 的家人不喜欢，×× 只生产家人喜欢吃的产品"；答案 C 是"因为 ×× 知道食品添加剂会对身体造成伤害呀"。

这个调研就是一个软性植入的广告，表面看起来是要读者回答问题，其实是想强调" ×× 的产品是无添加、健康的"，并采用回答问题的方式一遍遍强化读者的印象。

读者或许会意识到这是广告，但因为广告意图不明显，所以对传播没有造成阻碍，况且文章内容都是关于食品添加剂的知识，应该转给朋友看。这样的软文方式恰巧戳中了人们的敏感心理，人们为了追求健康会点开这样一篇软文，为了保证身边人的健康，会将软文分享到更多人能够看到的平台，这样一来，软文广告的目的也就达到了。

1.3.4 "脑洞大开"型软文

"脑洞大开"类型的软文更像是一个有趣味性的故事，在文章中间会有很多让人意想不到的神转折点，和读者最初的想法有着极大的差距。

这种类型的"段子"在微博、贴吧等网络平台中较为常见，读者点击该文案只是想看故事，结果看到结尾时才发现原来这是一个广告。想要写好这一类软文，网络营销人员应注意平时积累，关注网络热点，搜集表情包和网络用语，多逛论坛，了解需求。最重要的是，此次软文不能提及太

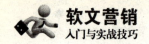
多品牌内容，而是将趣味性、创新性放在首位。

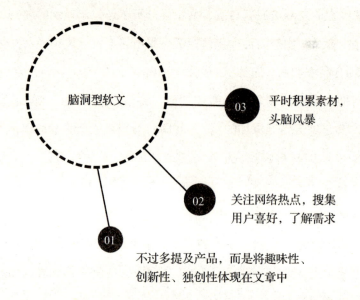

脑洞型软文

03 平时积累素材，头脑风暴

02 关注网络热点，搜集用户喜好，了解需求

01 不过多提及产品，而是将趣味性、创新性、独创性体现在文章中

　　微博上有很多大 V 都是创作"脑洞大开"型软文的高手，如"小野妹子学吐槽""所长别开枪"等营销账号经常会制作相关的软文。

　　例如，此前在微博上有一个流传极广的事件。这是由一个名不见经传的微博小号发出的，内容大致讲述了博主与相恋多年的男朋友分手了，由于她对于这份感情付出了太多心思，以至于分手之后久久无法走出失恋的阴霾，整日茶不思饭不想，以泪洗面。失恋的女孩既没有心思梳妆打扮，也没有心思买菜做饭，每天她都靠点外卖解决吃饭问题。某天，她在订外卖之后，在备注栏填写上"我失恋了，希望快递小哥哥能给我画一只小老虎。"

　　原以为这样的备注不会被注意到，却没有想到当 ×× 外卖的外送小哥敲开她的门时，亲切地鼓励了她，而且在盛装外卖的袋子上真的画着一只可爱的小老虎。这件事情温暖了她的心，使她感受到了来自陌生人的温暖，逐渐地走出了失恋的阴影，面向阳光开始面对积极的人生。

这条微博被某微博大 V "翻牌"，一时间被无数人转发。×× 外卖的外送小哥也被亲切地称为"最贴心的外卖小哥哥"。不少网友、商家开始争相模仿这位女孩的举动，在备注上纷纷留言。

此事件乍一看，似乎是有暖心转折的真实事件，但是仔细观察其传播路径和方式便会发现，这是一场十分成功的营销案例。所有看完这条微博的读者都会被 ×× 外卖的外送小哥哥"暖"到，那么 ×× 外卖的品牌也会根植于用户心中，当打开手机准备点一份外卖的时候，自然而然就会想到 ×× 外卖。

"脑洞大开"型软文最重要的一点便是要有创新性和趣味性，且不能够让读者一眼发现其文章或段子的真实目的，广告植入需要隐蔽，切忌直白宣传。只有勾起读者的阅读兴趣，设置反转情节，才能使软文的影响力更大。

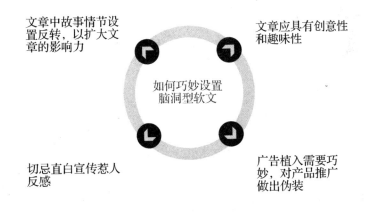

1.4 软文的要素

软文的出现代表着单纯的硬广已经不足以抓住消费者的购买心理，品牌主需要选择更好的方式以获取消费者的认同。

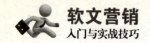

随着人们获取信息的渠道和方式发生了改变，硬广的内容不再是消费者关心的重点，内容直白的硬广显然不再受消费者的青睐。消费水平的提高使得用户对产品的功能性需求逐渐减弱，很多时候某消费者购买一件产品的动机只是由于情感性需求增强。

以服饰为例，经久耐穿、上好面料等等都不再是消费者关心的重点，款式所代表的人物性格、颜色所彰显的心情、品牌所代表的身份层次才是关键，不乏消费者花重金购入一件也许只会穿一次的服饰。

快节奏时代，产品更新迭代的速度变快，消费者喜新厌旧的速度也随之加快，经久耐穿不再是消费者的需求所在。产品同质化非常严重的时候，功能就不再重要，此时，产品的溢价值变得非常重要，谁能打动顾客的心，谁就能从竞争中胜出。而产品的溢价值主要表现在"软文化"上面。为何同样一件商品，通过软文形式的包装，能够获得的利润更大？这和软文营销有着密不可分的关联。

在营销当中，软文起到最重要的作用就是，品牌方利用软文制造用户信任度。

打动消费者的心，才能移动消费者的"钱"，消费者相信你了，才会付诸行动。如果说硬广是创造知名度，软文就是创造信任度和忠诚度。正如同成语"以柔克刚"，软文应用的就是这样的思路。

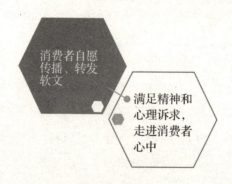

消费者自愿传播、转发软文

满足精神和心理诉求，走进消费者心中

1.4.1　消费者自愿传播和转发软文

软的东西天生就给人一种人畜无害的亲近感，如同洁白的云朵，看起来很容易接近，并且使人很想接近，不会有防备心理。

软文就需要这样的"软"，一篇成功的软文看上去或像封情书，或像篇小说，或一篇人物传记、一篇新闻，这样的文字给消费者一种读读也无妨或想要探究一番的感觉，可以把消费者悄无声息地带到预设的营销场景中。无疑，"软"是软文营销最大的特点。

"软"是相对于"生硬"来说的，硬广往往以非常生硬的方式讲述产品的功能和特点，通过硬性条件博得消费者的认同，而软文则侧重表达产品所营造的氛围以及迎合消费者的心理预期，制造出消费者的体验场景。

在一场成功的软文营销当中，策划方费尽心思要做到的就是，让消费者自愿传播和转发其发布的软文，只有用户的自发互动才能实现粉丝的积累，才是转化率的体现。

硬广推广

- 以生硬的方式讲述产品的功能和特点，通过硬性条件获得消费者的认同，容易引起消费者的反感

软文推广

- 从侧面表达出产品所营造的氛围以及迎合消费者内心的预期，通过引起消费者的好奇心并与消费者互动，以获得转化率

说起软文营销中最需要的是消费者自愿传播，那么不得不说近些年来大热的"情怀"话题。市面上越来越多地出现企业、品牌、媒体打着"情怀"的旗号进行营销宣传。这样的案例不胜枚举，但每一次都可以精准地戳中用户的"情怀心"，并且屡试不爽。

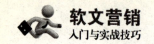

近几年，不仅一些商业电影、歌曲、节目运用"情怀"进行营销，甚至一些手机厂商同样利用"情怀"主题吸引用户。如今的手机行业市场已经不再单单是硬件配置的比拼，而是一场营销策略的对决。

在不增加手机制作成本的情况之下，如何能够让一大批用户"路转粉"自然是企业和品牌最关注的话题，因此，很多手机厂商大打感情牌，提出一系列的口号来彰显自己的"情怀"，利用消费者的"情怀心"为品牌造势。

随着越来越多的品牌都以"情怀"为噱头进行营销，因此，能够从这些"情怀"软文策略中脱颖而出便成了最大问题。

小米手机提出"为发烧而生"的口号，号召自己的"米粉"一起彰显"发烧"情怀；魅族则宣扬"工艺"情怀，软文总是带有浓重的文艺色彩，打出"青年良品"的口号吸引了一大批年轻人争相购买。但是，真把"情怀"用到极致的也不得不提一下——华为手机。

华为手机从始至终就牢牢地抓紧了国内用户的心理，时刻打出"爱国情怀"牌，一次次激起民众的购买呼声。

值得一提的是，华为手机曾在《中国青年报》第八版上投放了一则软文广告，广告的内容是一段简单的文案：华为坚持什么精神？就是真心向李小文学习。在这段文字的一旁配了一张图片，一个低头念着发言稿的老人，蓄着胡子，一身黑衣、黑布鞋，装扮十分简朴，俨然是人们心中的"匠人"。

一句话，一幅图，却在互联网上引起了"情怀"热潮。李小文乃中科院院士，长期从事地学与遥感信息科学领域的研究工作，创建了Li-Strahler几何光学模型，并入选国际光学工程学会"里程碑系列"。李小文先生其貌不扬、不拘小节，但在科技行业却有极高的建树，被人形容如同金庸笔下的"扫地僧"。

华为变相地让李小文先生当了一回代言人，其"情怀"瞬间上升到一个新的高度。据不完全统计，该广告刊登之后，"华为"搜索量上升了30%，销售额也大幅提升。

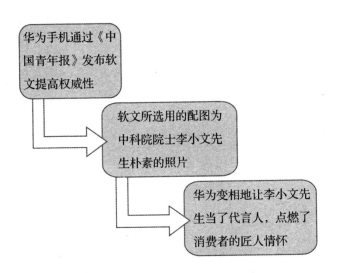

消费者看到这样的软文后，心底的匠人情怀便会被点燃，从而自发地将软文进行传播，以寻求身边更多人的共鸣带来的认同感。加上华为始终打出"国产机"的名号，更是引得无数支持国货的用户情绪激昂，大肆宣传。不得不说，消费者自愿传播和转发软文的营销方式可以提升产品的可信度，对打造品牌口碑十分有效。

1.4.2 满足精神和心理诉求，走入客户内心

软文的另一个特点则是从精神和心理诉求上走入客户的内心深处，引起用户的共鸣，以起到弱化营销的作用。

就以开篇提到的星巴克软文为例。作者正是运用了软文的这一特征，抓住了阅读这篇文章以寻求认同感的读者。

文章的作者在整篇软文中传递了一个思想，那就是：我跟你是一类

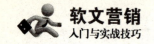

人，都爱喝星巴克，都因为咬着绿吸管走在大街上被叫做宝贝；我们都崇尚孤独和自由，都希望有自己的空间，所以才去星巴克。我不过是说出我的感受，你读得这么开心，甚至还想再读一遍。你怎么可以认为这是软文广告呢？读了这篇文章，你产生了购买的冲动和欲望，只是因为产品和你的立场一致，是你身份和独特性的代表啊！我们情投意合、"三观"一致、相互信任，还可以满足你的口腹之欲，即使你想，但你忍心把我和那些无良的广告相提并论吗？

软文就是这么理直气壮地煽情，不回避广告的商业本性，但穿着迷彩躲在草丛里，伪装得一点广告的痕迹都感受不到。只是再好的装扮和粉饰都不能掩盖软文的本质——广告。

| 软文的本质为
实现营销目的 | 软文写手通过
伪装达成目的 | 软文写手善于
把握用户心理 | 软件利用用户认
同感制造信任 | 软文最后揭露
广告本质 |

软文可以是新闻资讯，可以是管理思想、企业文化、运营技术、营销手段，还可以是书评、影评和段子。

以2015年上映的尔冬升导演作品《我是路人甲》为例。这部电影上映前夕，一篇署名梁朝伟的文章《听见流星的声音》开始在网络上被各大公众营销号疯转。整篇文章以第一人称的口吻讲述梁朝伟先生出道时的情况，就如同电影的名称，是一个路人甲，因为爱上演员这个行业，所以甘愿跑龙套、吃苦受累也要坚持自己的梦想。

"时光流转回2001年，那一年，我去横店拍《英雄》……我很怀疑我有没有对尔冬升讲过那段经历，因为，电影里那个叫万国鹏的男孩，和当年的我，真的是一模一样的境遇。不单是他，戏里的每一个路人甲，从初入行时的不知所措，到演戏时的每一次用力过猛，都会让我忍不住笑出声，就好像看到 30 年前的自己……"这篇文章一出，很多影迷和粉丝被文中所讲述的梁朝伟工作的努力和出道时的卑微感动了，认为自己和当年的梁朝伟一样，为自己的梦想拼搏着，因此转发此文章以表己心，追求认同感。不仅仅是梁朝伟的这篇文章，《我是路人甲》整部电影都代表了所有为梦想拼搏努力者的心声，随之票房大卖，最终获益的当然是电影制片方。

这篇软文被称为营销的杰出案例，读者耐心看完，被深深打动，自愿转发并消费电影。即使一些读者看穿了这篇软文营销的本质，但软文的煽情和真实紧紧抓住了读者的心，使之无法产生反感和怀疑。

虽然很残忍，但这就是软文立足于广告的本质，无论是看似多么饱含深情的软文都怀抱着营销的目的，用伪装的外表掩盖真实的宗旨，深入把握消费者的心理，从而制造信任，产生消费。

软文之所以不是文学作品，其原因就在于软文的最终目的是为了进行产品的销售与推广。如果产品植入没有做好，消费者读完之后没有记住产品或品牌，营销的目的就没有达到。因此，优秀的软文写手最大的特点就是善于剖析产品的特性，能够做到将产品的特性和文章内容结合起来，突破消费者的心理防线，满足用户的心理诉求。

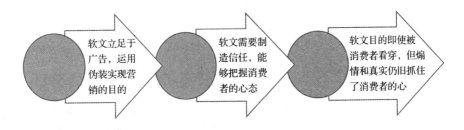

软文变的是形式，不变的是本质，无论文章再怎么"软"，文化煽情多么"扎心"，本质上还是产品或者品牌广告。

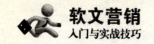
有意思的是，在如今网络普及、信息发达的时代，用户以及策划方都明白软文营销广告的性质，因而有很多软文不刻意回避商业的本性，而是直接将最纯粹的目的暴露在用户、读者的眼前，以"真诚"巩固自己的粉丝群体。

例如微信公众号大号"顾爷"，赤裸裸地做广告，在自己公众号当中发布的文章明确指出为广告推广的目的，但因为该公众号语气诚恳、直白，即使对自己接的广告也毫不笔下留情，用这种"耿直"的画风赢得了用户的认可，粉丝量不减反增，一日看不到广告，粉丝还觉得少了点什么。这个简单直接的时代，表明立场似乎比藏着掖着更能赢得信赖。

1.5 软文究竟怎么"软"

软文究竟应该怎么"软"才能够牢牢地抓住用户的心，很多软文新手对此苦恼不已。其实，只要掌握软文的技巧，很容易就能够实现软文的"软"。

1.5.1 曲线救国

在一段恋情当中，我们时常会听到"曲线救国"的形式，那就是男孩在追求女孩的过程中，不直接接触女生，而是提前"讨好"女生的闺蜜。在进行软文写作的时候，曲线救国的这种形式同样适用。曲线救国是指不直接叙述产品的功能和优势，而是利用旁敲侧击表达自己的意图，实现自己的目的。

例如，《弹钢琴的孩子不会变坏》这篇软文就是一则很好的例子。全世界所有的家长肯定不希望自己的孩子在成长过程当中走上歧途，那么如何能够培养孩子的情操，让孩子的成长更加健康，很多家长为此费尽心思。

这篇文章之所以能够在广大家长群体中被热议，同时带动一场学钢琴的热潮，就是因为，从本质上来看"孩子不变坏"和"学习弹钢琴"之间没有必然的联系，但是由于弹钢琴在大多数人的印象中都是优雅的化身，这样的形象首先便在家长的心中树立起来。让孩子学习弹钢琴便可以触动家长对于孩子的期待，使家长对于孩子的健康成长更加放心。

品牌主便是利用了家长的这些内心想法：一个致力于保护孩子的品牌，肯定不是差的品牌，肯定是有利于孩子健康成长的品牌。对于品牌的形象来说，品牌主通过这句广告将品牌形象树立起来：服务的对象不会变坏，会变好——服务就是好的——服务者自然不会差。

但品牌主是为了保护孩子吗？非也。品牌主是想卖产品和服务。这就是典型的曲线救国式的软文营销。

1.5.2　自然示好

软文写作中，示好是一种更为直接的方式。对于软文营销来说，就必须进行广告植入，毕竟这是软文营销的最终目的。没有广告植入的软文，即使文字再优美漂亮，消费者再喜欢，产品也无从与消费者产生关系，从而无法达到品牌主真正的目的。

同样以胡辛束创作的《宝贝，你咬吸管的样子好美》软文为案例，看看成功的软文是怎样自然示好的。

《宝贝，你咬吸管的样子好美》这篇文章的可读性极强，读者一看标

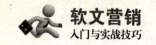

题就会想要知道咬吸管的女孩子究竟怎么"美"。而"宝贝"这一爱称是绝大多数女生希望被叫的一个称呼，"咬吸管"则是女生无意识间常做的动作，以显示萌或者可爱，此时再加上一句"美"的夸奖，恐怕大多数女生都会被文章的标题攻下。

仔细观察该文章便会发现，文章的内容配合标题的夸奖，牵出坏男孩对咬吸管的女生的评价，更拨动少女的心弦："曾经听一些坏男孩儿说，爱咬吸管的姑娘都超级性感。我当时一脸鄙夷地看着他们，顺带着开始在心里盘算，这群臭流氓。后来发现，这个理论简直是超级有道理。"

喝咖啡本身固然重要，但更重要的是喝咖啡带来的感觉和改变。品牌主想卖的是咖啡，但消费者想得到的是改变和认同感。这篇软文就将消费者的心理洞察得很明确，并将消费者所预期的内容展示出来。

1.5.3　正面出击

现如今，有很多软文创作者甚至不会刻意回避广告的存在感，反而直接将软文广告的目的暴露在读者面前。这样的正面出击往往更加能够收获读者的信任，如果以一段恋情为例，软文的正面出击就类似于当面表白，坦诚所带来的读者转化率往往更加客观。如微博大号"顾爷"早就已经开始进行这样的广告正面出击。

一般的软文在讲完一个故事之后无缝接上广告内容，正文和广告分裂并行的软文模式是一种最基础、简单的操作。

类似的软文正面出击，不得不提的就是咪蒙的写作模式。微信公众大号咪蒙曾经在平台上投放了这样一篇文章——《告诉大家一个可怕的消息》。很多读者看到这个标题，便会产生强烈的好奇，还未点开文章便已经开始思考究竟是怎样的消息。直到读者点开文章之后才发现，文章开头第一句便是"这是一条'广告'"。

这样的正面出击被更多读者称为"耿直"，甚至往往这样正面出击的文章会更加受到读者的追捧和转发、点赞。

"软方式"和"软文化"是软文营销与硬广营销的最大区别：前者以一种精神和心理诉求，让消费者自愿接近品牌，成为品牌的用户；而后者是通过硬性插入的骚扰方式，强迫消费者记住品牌形象。作为消费者，当然更容易接受第一种软萌软萌的营销。

第二章

常见的软文标题格式

软文的标题奠定了文章整体的感染力度。一个完美的软文标题能够扩大读者的阅读率，提高读者的阅读欲望。只有一篇文章的标题足够具有吸引力，读者才愿意花费时间阅读正文内容。可以说，标题是软文的重要部分。

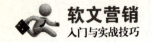

2.1 标题——吸引读者的第一步

《如何让你的广告赚大钱》一书作者约翰·卡普斯曾经说过："标题写得好，几乎就是广告成功的保证。相反，就算是最厉害的文案写手，也救不了一则标题太弱的广告。"约翰在书中指出，无论你的内文文案多有说服力，或者产品有多杰出，如果无法获得消费者的注意力，广告就无法成功。大部分的广告专家也都认为，能够赢得注意力的标题才是广告成功的关键要素。可以说，文章的标题就是吸引读者的第一步。

标题是一篇文章的外衣，随着信息越来越丰富，读者要通过阅读标题获取信息。如果标题没有吸引力，读者会一扫而过；如果标题暗示内容非常有价值，读者就可能打开文章细读。

读者阅读一篇软文就像在餐厅点菜，如果这道菜的卖相极差，即使店家再怎样强烈推荐，没有吃过这道菜的人也很少愿意去尝试；但是如果这道菜的卖相很好，就能够点燃消费者的欲望，又碰巧价格适中，那么消费者往往愿意花钱一试。

不仅因为标题是为读者展示文章的第一扇窗，而更是因为读标题的人平均为读内文的人的 5 倍。造成这样情况的原因大致分为两点：文章标题出现的概率更大，比起文章的正文，标题被阅读到的可能性更大；相较于文章的正文，读者更愿意阅读标题以了解整体信息，节省时间。

网络中文章标题出现的几率更大

标题是决定读者是否继续阅读正文内容的关键

2.1.1　文章标题出现的几率更大

标题是一篇文章最醒目的文字，是在网页的文章列表中能看到的信息，是文章推送时的重点信息，标题在读者面前出现的概率比正文出现的概率大 5 倍之多，被阅读的可能性也更大。

2016 年王石被自己亲手打造的"万科集团"罢黜，纷争焦点集中在 6 月份，也就是"宝万之争"的下半场。6 月 23 日深夜，宝能发布声明"反对王石的重组预案"，意味着王石被罢黜，舆论迅速升温，成为焦点。

据今日头条统计，在宝能声明事件发生后的三天半时间内，也就是 6 月 24 日到 6 月 27 日 11 点，微信平台中与"万科"相关的文章总阅读量超过 900 万，与"王石"相关的文章总阅读量也超过 800 万。根据新榜不完全统计，与"王石"相关的文章至少有 26 篇获得 10 万 + 阅读量。在网上遍布与"王石""万科"相关的文章，带有相关字样的文章能够获得的浏览量自然不言而喻。

对这些被大量转发、评论的文章进行分析，能够从文章的标题中发现一些共同之处，那就是特点鲜明，关键词精准。

这些被广泛转载的文章从题目上就可以看出明显的特点，即简单、直接以及情绪化。相关文章的标题没有太多文绉绉的词汇，也没有拗口的表达，标题中出现的字眼大都十分直白，任何人都能够一眼看懂。

被转载最多次的文章创作者"财经内参"几乎将情绪化的标题做成了

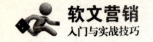

标配，其中大量地运用标点符号"！"和"？"，成为了最好的催化剂，对于感染读者的情绪起到了非常有效的作用，在阅读中起到巨大的效果。

这就是标题的影响力，不可否认阅读量超过 10 万 + 的公众号大都有了一定粉丝数量，基础比较好。但除了包含事件中的主角王石、万科、宝能、华润四大企业，高频词"震惊""谢幕""罢免""出局""血洗""遮羞布"等统统掷地有声，用新榜的原话讲就是"即使隔着屏幕似乎也能敲打你的鼓膜，让你产生不得不看的感觉"。

2.1.2　读者更倾向于阅读标题

标题可以言简意赅地说出文章的价值，是读者获取信息的关键。由于读者的时间限制，所以阅读文章的概率与阅读标题的概率相比会相差很多。

《一个广告人的自白》一书的作者大卫·奥格威认为，一篇软文的标题在大部分的广告中，都是最为重要的元素，文章的标题能够决定读者到底会不会看这则广告。调查数据表明，80%的读者在阅读软文时只看其标题，不看其内文。因此，只有读者感兴趣的标题，才是好标题，才会达到广告的真正目的。

2.2　软文标题的常见套路

俗话说：看一个人漂不漂亮，要看她的脸；而看一个人的脸，最重要的是看她的眼睛。一篇软文好看不好看，首先我们看到的就是标题，标题有没有吸引力，能不能抓住读者的眼球至关重要，特别是网络上的软文，没有吸引力的标题就没有点击率。软文标题的目的就是为了能够一把抓住阅读者的眼球和心理，让读者不得不点进文章查看内容。

所以从软文写作来看，软文标题怎么写是最重要的一个环节。那么，什么样的标题会抓住用户的心呢？在软文写作中，也有各式各样的"套路"，只有掌握了这些套路的正确使用方法，才能够让软文标题创作更上一层楼。

接下来主要讲解软文标题的常见套路。

2.2.1 利用好奇心制造悬念

心理学家和经济学家在对人类的好奇心进行研究中，发现一种现象，叫做"好奇心缺口理论"。这种好奇心缺口的表现为：日常生活中大多数的事情都是稀松平常的，一旦有打破常规的事情发生，人的好奇心就会启动。当预料之外的事情发生或者我们的推测出现失误时，大脑就会自动将这一情况置于优先位置，并把绝大部分的注意力放到这件事情上。

软文标题创作恰恰可以运用这样的好奇心缺口理论。毕竟传递信息首先要吸引人们的注意力，而吸引人们注意力的最好办法就是打破常规、不按照常理出牌，揭露读者期望得到却没有得到的爆料，或使用打破读者常识的信息。

利用人们的好奇心为标题命名，需要懂得制造悬念，勾起读者的好奇心。例如，《马云说：我可以没有阿里巴巴，但不能没有……》这篇文章，

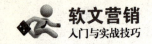

其标题以具有吸引力的话题、刺激的语言吊起读者的胃口，最后用省略号引发读者一系列的遐想。

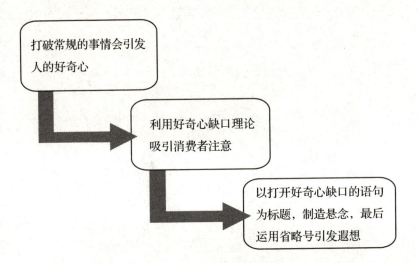

这样的悬念就像读一篇小说，正到情节高潮处，突然出现"欲知后事如何，点击原文"，不需要付出代价的情况下，读者都会毫不犹豫地点击原文，从而了解文章的全部内容。

在软文标题创作时，最为讨巧的一种办法就是将事件描述得反常规、不符合逻辑，将结果用省略号代替，欲言又止，吊起读者的胃口。利用人的猎奇心理制作标题，可以说是增加打开率的常见手法。

2.2.2 制造危机，夸大风险

相信大家一定还记得在 2009 年上映的一部经典灾难电影——《2012》，该电影中预测地球将在 2012 年迎来毁灭危机，全人类的安全受到了威胁。影片一出便在全世界引起了广泛关注，甚至恐慌。不少营销号纷纷发文，《地球将在 2012 年毁灭？！》《古老的玛雅预言将要成为现实？》……诸如此类的文章迅速占领了网络。

借助人类对于生存的渴望，加上频繁自然灾害带来的影响作为催化剂，电影还未上映就已经获得了极大的关注度。这就是软文标题通过制造危机、夸大风险吸引读者眼球的一种方式，利用大家的恐慌心态进行软文营销。

同样借助制造危机吸引群众关注的案例还有很多。2015 年 2 月 28 日，前央视知名主持人柴静推出她自费拍摄的有关雾霾深度调查视频《穹顶之下》，当时雾霾正严重，人们深受恶劣环境的困扰，而担忧未来的后代身体健康等问题。

一篇 100 万 + 阅读量的文章标题是《柴静：为出生就患肿瘤的女儿，我必须告诉大家雾霾的恐怖……》，直接向大众说明了柴静拍摄该纪录片的意图，并利用柴静女儿患肿瘤一事，将雾霾带来的危机严重化，引发读者的惊恐，进而激起阅读欲望。

其实雾霾这种事大家都已经习以为常了，普通的表述并不能引起大家的共鸣。但是，一个母亲为了出生就患肿瘤的女儿奋力呐喊，却让大家感同身受，毕竟我们都有父母，也都会有孩子。

2.2.3　结合数字制造震撼效果

策划软文标题的时候，结合数字的方式十分常见，尤其是在一些经济类、科普类、工具性的软文当中经常出现。例如，《月薪 3000 和月薪 30000 的文案有什么区别？》《为什么这个文案值 15K》《papi 酱首支广告为

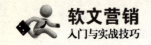

什么值 2200 万元？》，可以看到这些标题里面都有数字，或是精准的数值或是夸张的数值。标题中数字的运用可以给人很强的震撼，意思清晰明了，还透露出文章是可靠的。

举个很直观的例子，内容相同的一篇文章，标题分别是《让你月入几万的方法》和《让你月入 3 万的 3 种方法》，很明显后者会更容易激起读者的阅读兴趣。

此前，曾有一个关于"什么样的标题更能引发读者分享"的科学调查研究显示：36% 的人都投票给数字型标题，相比之下包含了"怎样做"的标题得到了 17% 的阅读者的肯定。

此项调查研究中还发现一个有趣的事情，那就是在一篇文章的标题中，数字 10 的使用频率最高，10 这个数字也更能引发读者的阅读、分享欲望。文章标题中带有数字 10 的例子有很多，例如《"腾百万"那个价值50 亿的电商故事，为什么两年就说完了？》《一张图告诉你，卖出第 10 亿台 iPhone 对苹果意味着什么？》等等。

这些标题极大地激发了读者的阅读兴趣，每篇文章即使所包含的干货很少，但这类文章受到的转发、评论数量仍旧相当可观，足见结合数字类的标题对于读者的吸引力之大。

2.2.4 利用高关注度企业来提升号召力

在文章的标题里添加上关注度高的企业名或产品名等，利用这些人或物本有的号召力做文章有助于提高文章的阅读量，有利于软文的传播。

一个名叫"网络营销教程"的微信公众号举例说明了标题的修改方式，其中点明要利用指向性更明确的企业名代替模棱两可的统称，并且给出如下修改案例：

原标题：《为了留住司机，滴滴雇人打车：这些牛逼的互联网公司，初期都咋推广？》

修改后的标题：《你一定不知道，滴滴、美团、陌陌是如何积累种子用户的？》

将"牛逼的互联网公司"换成"滴滴、美团、陌陌"这些叫起来响当当的知名品牌，读者看到文章后会产生联想，便想点进去一探究竟；将"初期推广"换成"种子用户"，这样一来，文章的标题又戳中创业公司的痛点，在"万众创新、大众创业"的时代尤其需要，表达方面专业性更强，预示文章的价值也更大。

"网络营销教程"的主编表示：该文被其他账号修改标题后转载，阅读量突破 10 万，远比原标题的影响力要大。

需要注意的是，在选择人名、产品名、企业名的时候，最好选择知名度比较高的，因为这些知名企业的粉丝基础庞大，固定用户更多，借助这部分基础用户的影响力和号召力，能够更加有效地提升软文浏览量。

同样，不仅仅是在标题中加入企业、品牌的名称提升号召力，利用明星的影响力同样是软文宣传的好方法。

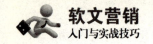

例如，亚马逊 kindle 阅读器和腾讯阅读器几乎同时在上海地铁打出了广告，前者选择的代言人是刘同，后者选择的代言人是当红明星胡歌。刘同是著名的畅销书作者，虽然从身份上吻合了 kindle 所主张的"专注阅读"的理念，但刘同仍然属于小众人物，知名度和参演了多部优质影视作品的胡歌相比，相差甚远。腾讯阅读恰巧借胡歌主演的电视剧做文章，利用胡歌的强大粉丝团，自然关注度更高。

2.2.5　将模棱两可的问题具体化

我们经常会看到这样的软文标题：《正是这 5 大套路，你的社会化营销策划总是难以奏效》《讲透用户运营 3 要素：拉新、留存、促活跃》。这样的文章标题都将模棱两可的问题说得具体、专业、精确，使文章的可信度增强，提升了读者的点击率。

软文标题可将模棱两可的问题具现化　　具体化标题能够体现专业性，使可信度增强，提升点击率

举一个简单的例子：大家都知道，作为一个文案写手，了解互联网趋势是非常必要的。于是某媒体平台推出了一篇叫做《7 页 PPT 教你秒懂互联网文案》的推文。通过这个标题，可以大致看出推文中含有价值的内容，但却不能真正激起读者的阅读欲望。究其原因，则是因为"互联网文案"的说法太过宽泛，读者通过阅读标题无法预测推文当中具体会呈现哪些实质性内容。

如果将标题改为《月薪过万的写手都了解这 7 个 APP 文案趋势》，将"互联网文案"这个笼统的概念精确到 APP 的推广，并说明此文侧重于讲文案的变化趋势。读者通过修改后的标题，可以非常明确地知道文章要讲的内容，文章中细化的内容也会彰显文章的价值，激发读者的阅读欲望，从而引发读者转发、评论等互动。

经过对软文标题做批量研究会发现，很大比例的软文写手都喜欢使用模棱两可的描述方式，主要原因是品牌主认为宽泛的表述可以覆盖更多的人群，而具体的描述则针对性太强，导致覆盖率较低。

事实上，没有人喜欢模棱两可的描述，那会给人一种隔靴搔痒的感觉，具体准确的描述则更加可以戳中读者的痛点。前者虽然覆盖的受众人群较多，但是实际上阅读量极低；后者的覆盖率虽然低，但是实际阅读量很高。究竟何种方式的标题更加有效就一目了然了。

2.2.6　制造场景感和真实感

在软文设计标题的过程中，制造场景感和真实感，起到让读者身临其境的效果，也是软文标题写作中常见的套路之一。

举例来说，一篇叫做《这位妈妈是这样引导青春期的孩子》的推文标题，则会比《妈妈应该这样引导青春期的孩子》这个标题更有场景感和真实感，因为"这"将文章整个事件指向某个特定的人物。当文章的读者阅读到有特定指向的标题时，在脑海中会立马浮现出"这位妈妈教导孩子"的真实场景，并联想到自己教育孩子或者自己在孩童时代被妈妈教育的场景，进而下意识地认为这篇推文是真实发生的事件，且具有能勾起回忆或者有值得借鉴的地方。

研究表明，软文的标题中包含着"你""你的""我""我的"等词，阅读量会比不加该类词的同类型标题高很多。同时，读者也更乐意接受这样的标题和场景设计，认为这样的描述更具体、更具可读性，传播范围自然更广。

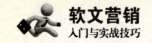

2.3　你的软文标题合格了吗

前文已经提到关于软文写作的几种常见套路，软文写手会学习到标题写作的技巧，掌握标题应该出现人名、数据等信息，并且注意留有悬念、制造出饥饿营销的氛围等等。但在掌握软文标题的写作技巧之后，还应该注意到，软文新手在标题写作时通常会陷入很多误区，这是写手应该规避的。

在本节当中，将对软文写手常会陷入的软文标题误区进行简析。

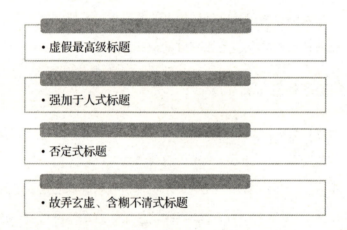

- 虚假最高级标题
- 强加于人式标题
- 否定式标题
- 故弄玄虚、含糊不清式标题

2.3.1　虚假最高级标题

软文标题的创作要符合企业、商品和服务的实际。软文虽是夸张的艺术，但这种夸张并不是无限的炫耀，而是企业、商品和服务实际能力与质量的升华。

目前有些软文标题虚假自夸，冒充"第一"，并不能获得受众的欢心。"××行业领先品牌""××第一品牌""无法超越的××""××行业的领跑者"等等描述方式就是虚假最高级，此类表述只能给读者带来不知所云的吹嘘感，无法身临其境地感受文章想要表达的高大上。

例如，作为世界上著名的可乐品牌，百事一直备受可口可乐的困扰，强大的软文宣传和有力的媒介轰击使可口可乐稳站市场占有率第一。市场是最有效的评判者，百事可乐提出"无法超越的口味"这一口号，在用户看来只是单纯炫耀，对此并不买账。

在软文标题创作当中，切忌使用虚假最高级标题。那么软文写手应该用怎样的方式将产品巧妙地进行夸赞？在文学上有一个修辞手法叫做衬托。

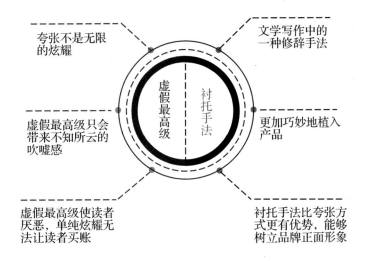

在软文标题中运用衬托，是指如果要表达某个产品很好，最好使用其他产品进行衬托，可以用类似高知名度、良好印象的产品正面衬托，也可以用劣势产品进行反面衬托。比如金立某款手机打出的旗号就是"手机中的劳斯莱斯"。

要表达某种产品具有不可比拟的优势，衬托比夸张更有优势。衬托是利用消费者已有的知识做链接，而夸张则是为消费者不清不楚地描述一座空中楼阁，对于务实的消费者而言，空中楼阁不仅不够真实，还有一种虚张声势的自卖自夸感觉，这会为品牌形象带来恶劣的印象和记忆。

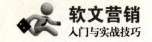

2.3.2　强加于人式标题

马斯巧克力曾经打出一则软文《只要你喜欢巧克力，你就一定喜欢马斯巧克力！》。但这支广告的收效并不好，其原因就在于马斯巧克力广告的强加于人式的标题。马斯巧克力或许适合一些人的口味，但绝不是所有人都一定喜欢它，对于潜在用户来说，这样的标题形式显然不受用。

再如米勒啤酒的一则软文的标题《您早该踏入米勒时代！》。殊不知大多数顾客看后都会想："为什么我非要选择米勒啤酒？"甚至一些执拗的顾客还会说："我偏不喜欢米勒。"从而使得软文效果大打折扣。

"你若端着，我便无感；你若高高在上，我更不可一世。"这已经成为了当代消费者的至理名言。软文标题也是一样，顾客是上帝，读者就是潜在的顾客。

很多人认为网络上的一些网络红人，如顾爷、papi 酱也都是一副高高在上的样子，却依旧赢得了一大批粉丝。殊不知，这些网红的高高在上并不是不可一世，而是和你成为能够相互"吐槽"的朋友，一起对其他人不可一世。拥有共同的敌人，便是朋友；和不可一世的人成为朋友，也会给你一种自己也很厉害的感觉。

所以强势和吹嘘的主体应该是顾客，而不是品牌，否则引起人们的心理抵触，软文的宣传就会起到反面效果了。

2.3.3　否定式标题

文章的标题当中含有否定词是一件十分危险的事情。否定词语会给人留下负面的情绪，这与人的大脑对词语的印象和感知有关，比如看到"我不开心"和"我难过"两个词语，后者的感染力会更加强烈，因为大脑会自觉忽略否定词"不"字；且"开心"一词会给人欢乐的影响，抵消"不"

这个否定词带来的负面影响。

很多软文写手喜欢使用"我们的产品不含激素"这样的形式，用"激素"这个词，刺激读者的内心感受，单纯地以为用这种表达方式可以强调产品中"不含激素"的特质。但真正的情况是，许多读者在阅读文章标题的过程中会忽略否定词"不"，而产生一种"产品含激素"的印象。

很多线下食品店会在墙壁上印刷添加剂、防腐剂、着色剂等字，并以大大的红色否定符号 × 覆盖，但用户实际感受到的恰恰是添加剂、防腐剂、着色剂的氛围。以绿色植物、原生态田野装饰的环境更容易塑造健康的氛围。

2.3.4 故弄玄虚、含糊不清式标题

很多软文写手在创作文章标题的过程中，很容易陷入到标题故弄玄虚、含糊不清的误区当中。

例如，一篇软文的标题为《无蛋白不健身》，原标题想强调蛋白质对健身的意义，可惜"无蛋白不健身"几个字显得含糊不清，似有故弄玄虚的嫌疑，并不能让读者知道这篇软文在讲什么内容，加上标题本身没有场景感，读者很可能视而不见地略过。

如果将《无蛋白不健身》的标题修改为《健身教练食谱曝光：原来蛋白应该这么吃……》，可以发现，修改后的标题就明确地指出，本文要讲对于健身人群应该怎样补充蛋白质。

在软文的标题中运用双关语、引经据典或者晦涩的词句，这是致命的错误。很多写手往往以为引经据典或者使用双关语是一种聪明、有知识的表现，但对于读者来说，这是耍小聪明或者"掉粉"的表现，尤其对于有着明确宣传目的的软文来说，更是如此。

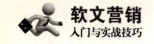

2.4　快来领取软文标题常用的八个模板

为软文拟定标题有多重要？

一篇文章的标题为整篇正文定下了基调，决定了读者对于文章的第一印象，并且在很大程度上决定了一篇图文的存活时间。很多时候，一篇文章的内容再好，如果标题一般，同样不会吸引读者阅读，没有阅读量的文章就是浪费。

在很多大型的知名软文营销策划公司当中，花费在拟定标题上的时间甚至比文章内容创作的时间还要长。有经验的新媒体团队，在每篇图文制作成型之后，会先进行头脑风暴，拟定多个软文标题，并且将这些标题收集到一起，发动全体项目组成员进行投票来选定最终的标题。

成功总有相似的规律，如果你整理过阅读量 10 万 + 的推文，会发现它们的标题可以总结出来很多规律：比如有一些特定的句式，有一些出镜率非常高的关键词，有一些经常用到的修辞手法等等。

软文写作中，标题的创作是有套路可循的，在前文中已经将标题常见的套路进行了简单讲解。那么在本节，就为大家提供一些软文标题常用的模板。

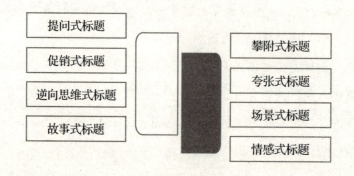

2.4.1 提问式标题

提问式标题在软文标题创作中是一种非常常见的标题类型。由软文设计者提出一个问题，如果读者恰好也想知道答案，往往就会点进去看，比如《目前淘宝网最好的减肥产品是什么？》《如何让您的关键词出现在百度搜索结果的左侧？》等。

提问式标题有特别之处，相对于普通的陈述句式来看，提问式标题可以激起读者自我拷问或探索的情绪，有了自我拷问，读者便有了想知道答案的好奇心理。毕竟，冲动是最好的荷尔蒙，有了好奇心催动的冲动情绪，能够使读者更有阅读的欲望。这也是为什么很多人读完一篇推文就立志要改变自己、完成某项浩大工程等，虽然只是一时兴起，但冲动消费是可以被软文创作者所利用的。

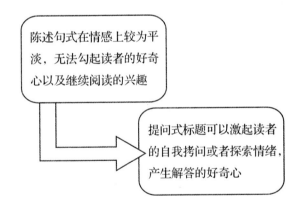

举个例子来说，6月31日和7月1日是一年上半年和下半年的交界，很多人在年初立下的目标都没有完成，在这两天当中网络上就会开始逐渐出现很多软文，如《本年必看的10本书》《说好的减掉十斤肉》《听说你年初立下的目标还没有开始》等。

这些简单的标题使人昏昏欲睡，难以勾起读者的阅读欲望。如果把这些标题换成提问式句式，如《一年过半：本年必看的10本书，你完成了

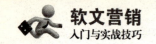

几本?》《她们上半年都这样减掉了十斤肉，你减肥了吗?》《年初立下的目标，你一共完成了几个小目标?》，通过标题设置的问题情境，读者就会自动对照自己的情况，随即点开文章阅读，掉进写手设下的陷阱。

2.4.2 促销式标题

促销式标题在软文标题创作中十分实用，尤其是在电商、促销等购物活动当中比较常见。这类标题往往限定一个时间段，以激起大家的购买欲，比如《冬日保暖外衣天天 6：00–7：00 限时抢购》《"双十一"千元大奖等你拿》。

这种促销式标题还被称为"时间式"标题。这类"时间式"标题可以看做饥饿营销的一种，人都会对获得起来较为困难的事物产生激情，消费者更是如此。比如一篇名为《618 的最后一小时，剁手党们都在盯着什么?》的文章，这篇文章的标题突出了某购物节的最后一小时，可以巧妙地给阅读者造成一种错觉：如果再不购物就赶不上这个购物节的最后一小时，幸好本宝宝发现了这个文章。

促销式标题带来的饥饿营销的另一个好处是，这个产品是非常稀少的，能拥有的人非常幸运，所以会将相关信息展示出去，表明自己是多么幸运。

2.4.3 逆向思维式标题

逆向思维式标题是当前软文营销当中最能够吸引年轻读者的标题形式。这种标题常常跳脱出正向的思维逻辑，从反面出发，同样能够取得正向思维式标题的影响力。尤其是在 90 后当中，追求独特、思维活跃的年轻人最容易对这种"反其道而行之"的文章标题产生浓厚的兴趣，比如《吃一堑未必长一智》《饥饿减肥法对健康无益》等。

人往往想要对一切不合常理的事情一探究竟，那么为了借助读者的这一心理，软文标题尤其重要。

曾经在知乎日报上出现这样一篇文章——《汉堡荤素搭配，为什么还被认为是不健康的》。这篇文章的标题和人们对汉堡的基本印象一致，但在文章的标题中却提出了一个逆向思维的疑问：荤素搭配一直被营养学者认为是健康的饮食搭配，汉堡中明明荤素搭配十分合理，为什么现在反而成为了大家口中不健康的垃圾食品了？

这个标题把两个对立的点分列出来，明知汉堡的不健康并非因为荤素搭配，而是因为荤素搭配比例，但给读者造成错误的逻辑线路，进而让读者有一探究竟的欲望。文章中又顺便说出哪家的汉堡荤素搭配更合理，所以是健康的汉堡，不得不说这一波广告植入得非常巧妙。

2.4.4 故事式标题

故事式标题在情感类软文当中更加常见。这种软文的标题像在讲故事，通过标题，读者就已经大概了解了这篇软文的基本内容，比如《我和一个采茶女的邂逅》《一只狮子引发的一场离婚案》等。

每个人都喜欢听故事，把产品信息融入到故事中是一个好的选择，撰写一个故事型的标题也能获得很好的效果。

《实记：相亲的那天晚上……》是一篇餐厅的软文，文章讲述了两个吃货相亲的过程，因为好的环境和服务给双方父母营造了很融洽的氛围，相亲过程十分顺利；而色、香、味俱全的菜品恰好满足了相亲双方的吃货心理，看到对方在自己面前狼吞虎咽的样子，也就知道对方的真性情，因此两情相悦，过上了幸福快乐的生活。

这样的标题能够吸引一些喜欢阅读情感故事的读者，尤其是女性读者，文艺小清新的风格和忧郁女青年的风格都更加能够触动女性读者纤细的内心。当然，故事式标题画风更加朴实，故事性完整，更加能够提升文

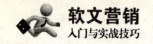
章的真实性以提升读者的信任度。

2.4.5 攀附式标题

在前面的章节我们已经提到软文需要借名人的号召力，标题内提到的名人越出名则吸引力越大，攀附式标题就运用了软文营销中的借势营销这一点。借势是一种省钱省力的推广方式，而标题中含有热点的关键词，可以吸引读者的兴趣。

如果软文创作者想要使用攀附式标题，那么但凡能沾上边的、能借靠的明星、热点、网络流行语等一个都不放过。比如《李冰冰最喜爱的几款包包》《七剑下天山——评极速主销摄像头》《最爱 iPhone——你就是我的小呀小苹果》。

微信公众号大号"差评"经常使用这种方式：《如果知错诚恳，老罗还是有机会成为一个好的企业家……》《你和 MJ 之间隔着 N 个王力宏》《被破产多年的索尼，竟然在偷偷地干这个！》《一个 90 后，却数次打脸Facebook 的扎克伯克！》。诸如此类的文章阅读量都超高，大多数的读者都对名人、名企情有独钟，希望了解与他们相关的信息。

再比如，一家中式家具企业在电视剧《琅琊榜》大热时计划推出有关"中式家具"的软文，原标题取名为《一定要知道的中式风格特点》。

电视剧《琅琊榜》中有很多古式的家具，于是写手借热点将标题改为

《扒一扒〈琅琊榜〉里的梅长苏都住过哪些中式美宅》。修改之后的标题利用梅长苏的粉丝效应，以及电视剧的热点效应，阅读量高升。

将标题中加入热门关键词，可以增加读者的阅读兴趣，也可以利用这些名人本有的粉丝效应。举个直接的例子，将标题《人一生中最重要的10个居家习惯》改为《扎克伯格坚持一生的10个居家习惯》，会让文章的标题一瞬间变得感染力爆棚，更加能够激发读者的阅读兴致。

2.4.6 夸张式标题

在如今的软文市场当中，我们时常会看到这样的标题，如《史上卖得最猖獗 N 次断货的女装》《北京万人争抢食盐》等。此类标题就是夸张式标题的经典表现形式。夸张式的标题运用夸大的语气，引起读者的议论甚至恐慌，因此，也有人称夸张式标题为危言耸听式、放大痛苦式标题。

软文高手对夸张式标题的描述是："只要有需要，就可以适当地夸大，只要不把牛皮吹破就可以。"

《这个错误让你的装修至少损失 10000 元》是原标题《业主经常忽略的一个装修错误》的修改版，《这样吃会让你得癌症的几率增加 10 倍》是原标题《吃饭要细嚼慢咽》的修改版。从这两个不同标题的修改中，我们可以看出夸张式标题明显更加具有煽动力，会让读者心中一惊，不由自主地点开文章去查看内容。

危言耸听虽说不够道义，但对于营销来说却非常有利。大多数人对这些专业的知识一知半解，对结果也无法预计。有意地将损失或收益放大，可以刺激读者的阅读欲望。

2.4.7 场景式标题

随着经济发展，产品同质化现象越来越严重，服务业开始出现茁壮

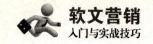

发展的趋势。作为一个非实物的行业，服务业的关键点就是为用户构造场景，让用户切身感受到产品和服务的价值。软文的标题也是一样，场景式标题的出现正是适应市场的表现。

吴声有一本叫做《场景革命》的著作，提出"流量放大用户价值已不再适用，价格敏感性的存在不断边缘化。基于价值敏感性的'体验'成为首要法则，场景解决思路是：为用户创造卓越的体验，建立与消费者的情感连接"。

软文的标题借助创意性的文字，将读者带到一个熟悉的场景当中，将一些抽象化、虚拟化的情感具现化、场景化。比如形容"瓜甜"的一个比喻叫做"甜过初恋"，对"痛"的一个比较叫做"痛过大姨妈"。通过读者已经知道的感受将无法体验的感受描述出来，通过已知连接未知，让读者获得场景式体验。

2016 年的夏季，果壳网推出一篇文章《我的命都是空调给的，热到融化的你，该认识下这个人》——真的要热到融化了，一定要知道我的救命恩人是谁！把冷漠无情的科技描述得有温度、有感觉。一时间，网络上涌出了大量诸如此类的文章，这个软文的标题也成为了每年夏季的热门口号。

2.4.8　情感式标题

人都是有感情的动物，亲情、友情、爱情，在这个世界上我们被"情"所包围着，在软文标题创作中借助这个特性，在标题上抓住一个"情"字，用"情"来感动读者，能够实现强效的软文推广效果。

在一些特殊节日期间，众品牌商往往采用情感式的标题。曾有一篇很震撼人心的软文叫做《母亲节，我想和你谈谈死亡》，文章创作者通过时间脉络，讲述了自己和母亲相处的时间极短，以号召子女们多回家陪陪母亲。

对于每天奔波劳累的普通大众，这种与亲人许久不见的辛苦很容易感同身受。而"死亡"更可以像刀子一样戳中子女们的心窝，因为一旦发生与死亡有关的话题，就意味着永远的失去，到那时才真正追悔莫及。这篇文章将"打感情牌"发挥到了极致。

2.5 标题"仓库"

文章的标题决定了80%的流量，所以作为写手不仅要有内容的素材库，还得要搭建自己的标题库。软文写手平时一定要把看到的好标题记录下来，并且总结各种标题套路技巧，形成一个自己的标题库，记录每个标题拉动的各种数据，如转发量、阅读量、点赞量等互动数据。这样做能够更有效地积累更多优质软文标题，在应用时能够更加得心应手。

2.5.1 为何需要标题库

软文写手为何需要组建自己的软文标题库？其原因有两点：整理规律，对比差异；抓住热点，关注更新。

如果是一个软文入门写手，单凭自己的想象去设计软文标题，无异于闭门造车，即使写手本人充满自信，但仍旧无法抓住市场，没有顺应市场需求。因此，作为软文新手，一定要在网络上收集尽可能多的软文素材，分析那些阅读量高的文章之间有哪些相似之处，并且学着总结文章中的规

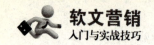
律。然后将整理出的规律套在自己的软文上，对比出其中的差距，从而进一步分析自己文章的不足之处。

按这些规律筛选出来的标题，就是写手标题库，就像前面给出的模板一样。整理出一个标题库，对于不同产品怎样选取标题形式就会更加一目了然。

构建自己的软文标题库还有助于软文写手抓住热点，保持关注标题形式的更新。

互联网时代更新迭代飞快，每一天都有成千上万个不同的热点，随着网民们的愈发活跃，网络上金句、段子频出。作为一个软文写手，如果死守着半年前或者几个月前热门的标题库的话，很可能已经错过了新的标题形式，更不要谈吸引读者的目光了。

关注新的标题形式还可以让你保持对热点的敏感，很多热点关键词在标题中一看便知，这可以防止你遗漏热点。

2.5.2　如何设定标题库

构建属于自己的标题库同样需要有套路，一般来说，作为软文写手，在设置标题库时需要关注两个方面。

> **设置标题库第一个方面**
> · 软文写手在设置标题库时需要对时事热点类标题库进行更新，以便掌握最新的读者喜好

> **设置标题库第二个方面**
> · 写手在设置标题库时需要将收集的软文进行分类，并且将行业类软文单独划分

第一，需要设定时事热点类的标题库。无论是什么类别的软文写手，

时事热点类的软文都具有常规性。软文的标题决不能偏离时事，否则软文写作如同闭门造车。

作为软文写手可以将常规性的标题进行分类，根据自己的喜好来分，比如像前面所列的标题模板来分，或是根据标题套路来分。标题是怎样的形式，适合哪一类的内容和受众，适合怎样的调性，是否跟总体调性一致等等。

第二，需要设定行业类的标题库。将网络上收集到的软文进行分类，把行业类的软文列出来，分析其标题的共同特点。把可借鉴的关键词、形式、调性罗列，这些都是软文写手今后可直接拿来用的点。

和实际的内容一样，标题也能反映出来很多信息。比如总结一个自媒体账号的标题，就能够发现这个自媒体账号的整体文章特性、账号调性和业务模式，这些总结出的信息都是软文写手的宝藏，也是打开软文写作更多道路的工具。毕竟写软文的出路还是非常广的。

第三章

软文写作，内容制胜

一篇文章是否能够将读者进行转化，主要就在于其内容是否能够满足消费者的需求。即使文章的标题再好，没有足够的内容作为支撑，这篇文章仍旧是一盘散沙。因此，软文写作需要注重文章的内容，靠干货内容取胜。

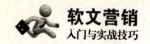
3.1 软文写作思路

前文对软文的标题设计进行了讲述，但是单单只有一个吸引人的标题，而内容粗制滥造同样无法赢得用户的心。软文写手还应有一套软文写作思路，这样能够在写作中更加快速地完成一篇吸引读者并且有干货的精品软文。

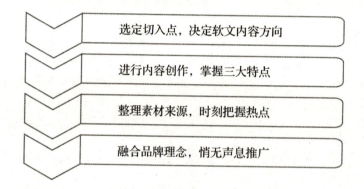

选定切入点，决定软文内容方向

进行内容创作，掌握三大特点

整理素材来源，时刻把握热点

融合品牌理念，悄无声息推广

3.1.1 选定切入点

在进行软文写作时，第一步需要找准整篇文章的切入点。所谓文章切入点，就是指软文创作者是从什么方向、从什么角度来写这篇文章，或者说这篇文章的主题是关于什么的，这个简单地说就是切入点。

举一个简单的例子，例如《如何把你的产品通过网络销售出去》这篇文章，切入点就是"网络销售"，那么全文就应该围绕着网络销售的内容进行展开。

绝大多数读者对网络销售并不太了解，而是以文章中所提到的内容获知其大概，进而形成两种不同的阅读模式：低认知模式，想了解专业知识但没有去了解；高认知模式，特意花时间和精力去了解专业知识。在文章中分解网络销售的内涵就是帮助消费者进行选择的最好方式，通过专业、形象地讲解产品细节，将消费者带进"高认知模式"的场景中，让消费者认为自己可以理性地、有依据地做出选择。

这种方式弥补了知名品牌口碑效应上的欠缺，用更细致的服务获得消费者的信赖。分解产品属性对于中小品牌很有优势，也是小品牌利用产品质量和知名品牌博弈的关键方法，同时这也说明了文章切入点的重要性，它从侧面反映了产品的优势和品牌的定位。

由此可见，文章的主题切入点决定了内容的方向，同时也决定了软文后期的推广形式、推广渠道等，所以这是确定受众之后、软文写作之前的第一项重要工作。

3.1.2　内容创作

软文写作之中最重要的就是软文的内容了，一篇好的内容是读者能够认真看下去的必要条件，是传达作者理念和软文营销效果最大化的必需具备的东西，也是留住读者以及后续回访的基础条件。

内容是软文的核心和灵魂，所以制作软文最重要的就是把文章的内容写好。文章的内容要有以下三个特点：实用、创意、易懂。

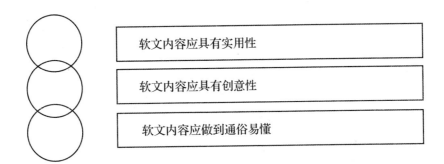

软文内容应具有实用性

软文内容应具有创意性

软文内容应做到通俗易懂

所谓实用，就是软文写手所写的文章对读者来说有价值、有用处，能够给读者带来实质性的帮助。软文推广中所创作的文章不必追求辞藻的华丽，关键是能够给读者带来什么价值。

所谓创意，就是文章内容要比较新颖，能够让读者在读到内容时眼前一亮。新颖有创意的内容更加能够引起读者的好奇心，死板的内容则会让读者产生审美疲劳，而对文章兴致了无。

所谓易懂，就是文章写得不要太高深、咬文嚼字，只要写得容易让读者明白创作者的意图就足够了。刻意拽文反而会引起读者的反感和排斥。

3.1.3　整理素材来源

软文写作当中，写手要整理软文素材的来源。素材来源也就是文章的内容从哪里来，这些来源通常有以下几个方面：修改、拼凑、案例和总结。

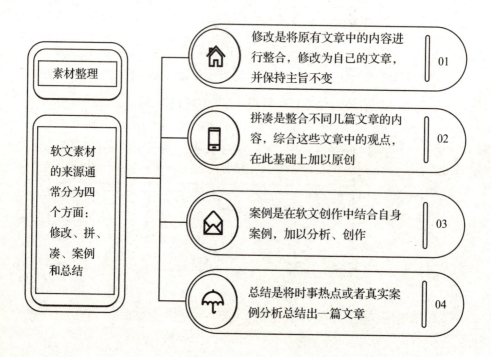

所谓修改，是把别人的文章修改成为自己的文章，文章主要的话题不变，只是修改一些细枝末节，然后再加上自己的感受和想法等。运用修改方式时，写手需要注意，不要一味地照搬照抄原文的内容，而是应当借鉴其优质思路，加入自己的原创内容。

所谓拼凑，简单来说就是把几篇文章拼凑起来成为自己的文章，整理一下这几篇文章的各自观点，然后把它们整合在一篇文章上。和修改一样，拼凑文章需要调整文章内容，在此基础上加入原创内容，绝不触及版权争议。

所谓案例，就是在软文创作过程中，把自己亲身经历的案例写出来，然后再加上自己的分析、感受、评价等，结合案例创作一篇完整的文章。

所谓总结，则是将自己的真实案例、热点时事、别人的案例，分析总结出来成为一篇原创的总结形式文章。

在整理素材、收集信息来源的过程中，同样需要注意两点：所收集的信息来源可靠；所选取的材料恰当。

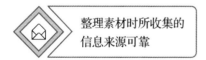
整理素材时所收集的信息来源可靠

整理素材时所选取的材料恰当

消费者希望从软文中获得真实可靠的价值，如果信息来源不可靠，软文会被当做谣言对待。现在健康养生类的微信公众号大号就面临着这种情况，所以收集的资料最好有明确的信息来源或者参考文献。

有了准确的信息来源，还要保证信息使用正确，不断章取义，不曲解作者原意。这是写手最基本的写作素养。

文章中所选取的素材丰富程度已经无须多言，但要在信息的海洋中选择适合内容主题的信息，就要软文创作者多花点儿心思。与资料不足相

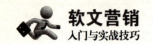
对，资料过多也是写手们需要注意的问题，一旦在文章中选取的资料过多、过于繁杂，则会造成文章内容冗长，从而降低文章的价值，也使读者丧失了阅读文章的兴致。

如果信息很有价值，但版面又有限的话，不妨将信息的出处在文中注明，让读者自行查看。

3.1.4 融合品牌理念

软文，归根结底其目的就是为广告服务。那么在进行软文创作时，则需要软文写手能够将品牌理念进行融合，也就是把企业的品牌理念融合到软文里。

软文可以清晰地把企业的品牌理念传达给潜在的消费者，融合品牌理念简单地说就是文章中含有企业的"印记"。把品牌理念加入文章的时候一定要选择合适的地方、隐性地加入。有经验的软文写手要做到能够将品牌理念不动声色地融入到文章当中，要让读者看了不反感，有一种浑然天成的感觉。

3.2 软文写作形式

很多企业都意识到软文对企业宣传的重要性，尤其是处于这个网络时代和信息爆炸时代，软文显得更加不可或缺，对品牌、销售、知名度等方面都能起到栋梁作用。然而很多的企业却不知怎么去做软文营销，很多人以为软文营销就是简单地发布几篇文章，又或者随便写几篇文章就发布到网络上，结果没能带来一丝的效果。

事实上，很多的新闻稿都属于软文，尤其是门户网站和行业网站的频道资讯，大多属于软文性质文章。当然，这并没有任何的问题，因为很多企业的确通过软文宣传，已经把企业做成了品牌，或者提升了知名度，一般软文都是发布到一些专栏网站、门户新闻网站、行业网站上，让百度、谷歌新闻收录，让搜索引擎能见度高，网民就可以容易获知这些信息，那么这个时候就起到了宣传的作用。

和软文标题写作一样，软文的正文写作同样有几种较为常见的形式。

3.2.1　悬疑式软文

悬疑式软文也可以叫设问式软文，这类软文适宜与提问式标题相结合。核心是提出一个问题，然后围绕这个问题自问自答。例如《人类可以长生不老吗?》《什么使她重获新生?》《牛皮癣，真的可以治愈吗?》等，通过设问引起话题和关注是这种方式的优势。但是必须掌握火候，首先提出的问题要有吸引力，答案要符合常识，不能作茧自缚、漏洞百出。

3.2.2　故事式软文

故事式软文通过讲述一个完整的故事带出相关产品，而产品的"光环

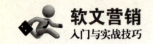

效应"和"神秘性"会给消费者心理造成强暗示，使销售成为必然。例如《1.2亿买不走的秘方》《印第安人的秘密》等文章。讲故事不是目的，故事背后的产品线索是文章的关键。听故事是人类最古老的知识接受方式，所以故事的知识性、趣味性、合理性是软文成功的关键。一个成功的软文写手同样是个讲故事的高手。

3.2.3　情感式软文

情感式软文一直是软文中的一种重要形式。软文的情感表达由于信息传达量大、针对性强，因此更可以使人心灵相通。例如《老公，烟戒不了，洗洗肺吧》《妈妈，你该休息了！》《女人，你的名字是天使》等文章，最大的特色就是容易以情感打动人心，容易走进消费者的内心，所以"情感营销"一直是营销百试不爽的灵丹妙药。

3.2.4　恐吓式软文

恐吓式软文属于反情感式诉求，情感诉说美好，恐吓直击软肋。例如《高血脂，瘫痪的前兆！》《这么睡觉减寿十年！》等文章，正是运用恐吓式写法，尤其在中老年人群当中能够受到广泛关注。实际上恐吓形成的效果要比赞美和爱更具备记忆力，但是也往往会遭人诟病，所以一定要把握好度，千万不要应用过火，更不要进行不实报道。

3.2.5　新闻式软文

所谓新闻式软文，就是为产品的宣传寻找一个热点时事进行借势，以新闻事件描写的手法去设计软文内容，让读者认为就是在看正式的新闻报道。这样的文体有对企业本身技术力量的体现，但是，文案要结合企业的自身条件，多与策划沟通，不要天马行空地写，否则，多数会造成负面影响。

3.2.6　诱惑式软文

实用性、能受益、占便宜这三点结合出现在软文的正文当中，属于诱惑式软文。因为这种软文大多数情况对读者是有帮助或是有利益纠葛的，所以会使读者主动进行点击或者是到处寻找相关文章。文章中能够给读者解答一些问题、或者告诉读者一些对他有帮助的东西。这里面当然也包括一些打折的信息等，这就是抓住了消费者爱占便宜的一个心理。

3.3　广告怎么植入才自然

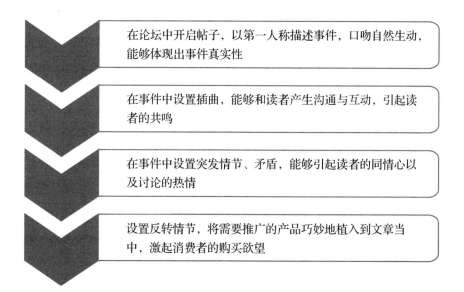

在论坛中开启帖子，以第一人称描述事件，口吻自然生动，能够体现出事件真实性

在事件中设置插曲，能够和读者产生沟通与互动，引起读者的共鸣

在事件中设置突发情节、矛盾，能够引起读者的同情心以及讨论的热情

设置反转情节，将需要推广的产品巧妙地植入到文章当中，激起消费者的购买欲望

曾经在某网络论坛上出现这样一篇帖子：一位漂亮的外地女孩在论坛上发帖，表示自己向往杭州的生活，并且向网友询问自己想辞职来这找工作是不是合适。

帖子刚一发出，便引起了杭州本地人的一片欢迎声，网友们纷纷表示杭州是个好地方，繁华中带着复古，既适合工作又宜居。在网友们的鼓励

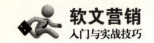

之下，这位漂亮的女孩很快跟进帖子消息，说自己真的辞职准备到杭州工作。这时，她又在论坛中提出了另一个困惑，说自己刚工作不久，身上的积蓄并不多，要知道杭州的房价、物价也不低，因此她向网友询问在杭州何处租房子合适。

网友的力量是强大的，更何况这是来自一位弱女子的求助，很快这位女孩真的在网友的指点下找到了一处房价适合、环境不错的好房子。女孩真诚地向网友表示了感谢，并且兴高采烈地住进了新屋。在接下来的一段时间，女孩每天都在帖子中更新自己到杭州后的生活、工作动态，并且在更新中有意无意提到了和自己合租的另一户人家生活习惯不好的这一问题。

几天后，女孩继续跟帖，直言自己无法接受合租人家的生活习惯，犹豫要不要搬走。可是偏偏天有不测风云，就在女孩出去找房子的时候，杭州暴雨如注。

女孩再次发帖说自己遇到了另一个困难，原来她出去时天窗没关，大雨浇灌将屋内地板全淹了，这下房东拦住不让走，要求她赔偿。穷的叮当响刚来杭州找工作的她怎么赔得起这么多钱，此时女孩心急如焚。

这个故事一路讲述下来，每个环节都是亮点，也具备了话题性和冲突性。将心比心，一个外地女孩来到一个陌生地方求职、生存，又碰到这么多问题，本身就值得帮助，或者能够引起同为打工者的共鸣。因此不断激发大批网友的互动热情，纷纷跟帖出主意。管理员也几次全站置顶，这个帖子一时间人气暴涨，有了几十万的浏览量，留言的网友人数也达到了几万。

帖子中的故事到这里似乎已经全部结束了。但意外的结局出现了，女孩在事件发生后几天突然更新了帖子。出乎所有人意料的是，雨停风收，房子里的水退去排干之后，女孩发现地板安然无事，房东看到地板没事也没有再为难女孩，并且告诉女孩，这是××品牌的地板，就算被雨水浸泡也不会有问题。女孩也松了口气，顿时对自己的生活重新充满了信心。

此后帖子下面几百上千人站内回复，都是称赞该品牌的地板质量好。大家猜到了吧？这是一个隐蔽很深的广告贴，同样是一次十分自然的广告植入。

在广告植入当中，怎样做才能够让品牌广告在文章中更加自然？接下来将对软文中广告植入的技巧进行讲解。

软文广告隐蔽性

产品描述形象化

3.3.1 软文广告隐蔽性

软文植入式广告和传统的广告不同，传统广告通过直接的表白和诉求唤起受众对产品和服务的需求欲望。软文广告却是在文章或者相关文字作品中，把产品和服务潜藏在人物的形象、服装等之中，由于受众对广告有天生的抵触心理，而把商品融入影视剧情中的做法往往比硬性推销的效果好得多。

广告植入充分发挥隐蔽性。隐蔽性是植入式广告的首要特点。广告的隐蔽性，不是说看不见感受不到，这样还有广告的意义吗？广告的隐蔽

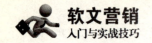
性，说的是植入得自然。

如果软文写手生硬地向读者介绍某款产品有多么好，消费者反而会对产品本身产生怀疑，甚至会出现"为什么你说的都是真的？""为什么其他品牌的产品不好？"这样的想法。

正如同开篇提到的女孩租房的案例一样，软文广告在植入时一定需要注意其隐蔽性。自然说出的产品信息会帮助读者理清思路，消除读者的疑虑，让读者顺理成章地接受，读者会认为这个产品是可以信赖的。

3.3.2　产品描述形象化

前面举例的地板品牌广告就是一个很好的产品描述形象化的例子，在整个软文广告当中，商家没有提到任何有关地板产品的详细信息，只是通过女孩的发帖以及对自身经历的真实描述，形象地引出了地板防水、质量好的这个特性。

片面地将产品信息堆叠在文章当中，非但不能有效地宣传商品，反而会造成读者的厌恶。反之，将对于产品的描述形象化，就更加能够提升读者的接受程度。正如这个地板广告，品牌方没有直说产品的质量好，而是通过女孩的口吻侧面表述了地板的产品特色。

所以描述产品时，要想办法将用户已知的信息和产品信息连接起来，"抗氧化""甘之如饴""提升免疫力"这些词汇并不能让用户产生直接购买的欲望，因为这些词汇没有制造出让用户切身体验到产品好处的场景。如果用"让皮肤的老化减缓""甜过初恋""让孩子更少感冒"等词语，则更易于用户理解。

不用说自己产品的特点，读者自然会联想到这一款产品的种种好处，这就是形象化的产品描述。

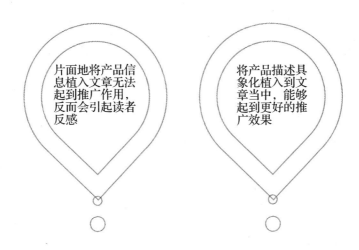

在某年春晚上，很多人对小品《五十块钱》里两个卖包子的演员身戴"鲁花"围裙的镜头有意见，说这是赤裸裸的广告。其实这个广告植入本身很贴合实际情况。在现实生活中，如果你去一家街边小店，很多都有商家免费赠送的类似围裙、筷子笼之类的印有商家标志的东西出现。这既符合现实生活，也没有影响到故事情节，却又强烈地刺激了观众的眼球，起到了良好的广告效果。

成功的广告植入一般都需要根据实际情况而定，比如海飞丝洗发水在《奇葩说》的植入是"废话多就像头皮屑，让海飞丝消灭你"，既符合《奇葩说》严肃搞笑的调性，又非常形象地说出了海飞丝洗发水的特点。

3.4　怎样的软文内容才算好

软文写手总是苦恼，怎样的软文内容才能称之为"好"？

仅仅从阅读量和传播力上来讲，擅长吐槽和辣评的微信公众号大号咪蒙发布的内容是优质内容，严肃搞笑的 papi 酱发布的内容是优质内容，阅读量过 10 万＋的段子冷兔发布的内容是优质内容，而马尔克斯的《百年

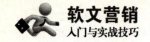

孤独》更是优质内容。

但这些优质内容未必产生作用，因为品牌商最终是需要将优质内容转化为销量，产生利润的。以上所提到的优质内容不见得可以给你带来利益，也不见得是你的用户需要的。所以写软文的第一步是确定受众，进行受众分析。

软文的本质就是广告，一篇软文既能够满足广告方的需求，又能够抓住用户的心，那么这就是一篇成功的软文。

3.4.1 能够精准确定受众

在产品同质化非常严重的今天，大众化的产品已经越来越少。如果一款产品的最初定位是大众，那也就意味着这款产品是随时可替代的。

菲利普·科特勒在《营销管理》一书中提出品牌对受众的影响依次是创新者、早期采用者、早期大众、晚期大众、落伍者，其中"创新者"和"早期采用者"是品牌或产品早期营销的重点用户。

这个过程对于整个传播方案包括软文传播也同样适用。在整个传播活动中，品牌商需要锁定一部分人，分析这个细分人群的需求、心理、喜好、习惯。对于软文来说，关注越少人的心理动态越容易设置话题，同时更便于提出有针对性的话题，从而引起更多的反响。

品牌商需要确定自己的产品或服务对哪个群体来说是不可替代的，针对这个群体提供更优质的服务。再从这个点出发，辐射更多的人群。

3.4.2 懂得分析受众需求

用户更多的是追求一件产品物质方面的功能需求。比如一对夫妇购买一款衣柜，如果这对夫妇追求生活品质，那他们可能需要挂男士长裤、男士衬衫、男士长款或者短款的外套、女士长裙、女士长裤、女士外套、包以及放置被褥等。所以这款衣柜就需要多功能、多隔间的。

功能方面的需求是最基本的，也是品牌商必须做好的部分。所有的溢价值都是基于产品的功能延展出来的。

根据美国心理学家马斯洛的需求层次理论，人类需求就像阶梯一样从低到高来划分，从最基础的生理需求到安全需求，再到社交需求、尊重需求和自我实现需求。

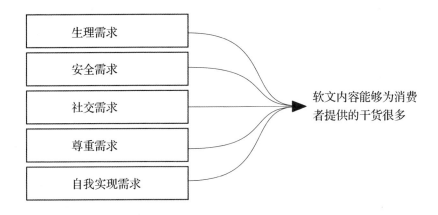

以近年来大火的"野兽派"为例。在国内的一线城市，鲜花市场已经饱和，人们对鲜花的需求已从功能需求发展到精神需求。"野兽派"基于此，将花与文化、情感、精神相结合，从传奇花店成长为艺术生活品牌，正如"野兽派"的介绍中所提到的"涵盖花艺、家居、艺术品和个性配饰，关注人的情感以及不为潮流左右的品位，赋予一花一物自由自尊的灵魂"一样。

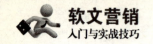
当物质方面的需求已经满足，心理方面的需求就是品牌商获得用户的关键，也是盈利与否的关键。新的市场会崛起，新的竞争对手会出现，消费者的需求会随着环境的变化而变化，所以品牌商需要实时追踪需求的变化。

3.4.3　能够唤起购买欲望

软文写手不但要能够洞察消费者意图，同样要有能够号召消费者进行消费的能力，这样的软文实力不是一朝一夕能够练就的。

前几年，在著名的微信公众号咪蒙上发布了一篇叫做《我不要你风光，只要你健康》的软文。文章的大意是说，真正在乎你的人不会在意你飞得高不高，而是问你飞得累不累。文章以自己母亲、物理科学家的母亲、自己创业时朋友关心为例说明这个主题，让人觉得这才是真情，为了真情，我一定要照顾好自己，什么健康食品啊、保养面膜啊，统统都用质量最好的，不然就对不起亲朋好友对我的关心。

于是乎，自然而然地植入一款购物的 APP 的广告。

"我买了一大堆（日系保养品，原文此段前插有该 APP 的图片，并附 APP 文案：孤独的人，就应该好好卸妆）……能怪我吗，这个 APP 页面都长得很萌，上面的东西也很让人长草，关键是还便宜……而且新注册会员有 280 块大礼包，这个便宜不占白不占啊。"这一段文字对于都市男女简直是天大的福音——原来我身边有这么多关心我的人，原来我是被爱的；为了你们的爱，我一定好好保养自己。动摇了读者的心理之后，再降低购物门槛，一个成功的广告植入就完成了。

仔细一看咪蒙的这个软文广告并没有十分直白的文字，而是通过文图方式以及一种个人亲述的形式引出了这款 APP。果然，这篇文章一出，该款 APP 的下载量直线飙升，有更多的用户进入了该平台领取礼包进行购物。

李靖"李叫兽"在北京一场传播业大展上做了一个演讲，叫做《流量之外，被忽略的营销价值》，文中讲到一个概念——心理唤起。营销人可以通过唤起消费者不同的心理状态，改变消费者对某产品的态度，进而促使消费者产生购买欲望。

为什么要唤起人的心理呢？因为除了引流之外，还要有转化，也就是真的产生下载或购买。唤起人的心理就是提高转化率的手段之一。

如何唤起人的心理呢？这就需要加强对人的心理的观察和研究。"最重要的是要学会洞察人在不同的心理状态下、不同的场景下，打开不同的公众号、或者说进入不同渠道时，他的心理渠道是什么？在当下情况下，他变成了谁？"

以咪蒙为例，这是一个讨论社会现象的平台，比如婆媳关系、爱情和现实、子女教育等话题，再加上结合社会热点辣评，让读者读后有酣畅淋漓的感觉。所以这个渠道带来的流量往往是冲动型、浪漫型、年轻化的，撩到他们的心，就能产生转化。

3.5 软文内容写作六大误区

通过发布软文可以直接或间接地提高网站流量、促进产品销售。同时，优秀的软文还能在无形中提升企业的形象，达到推广品牌的作用。然而，想要撰写出一篇好的软文并非易事，它对写作者的专业知识和文笔功夫有着很高的要求。不少文案人员在创作软文时，往往因为没有把握住软文卖点而以失败告终。接下来介绍软文内容写作的六大误区。

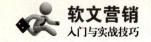
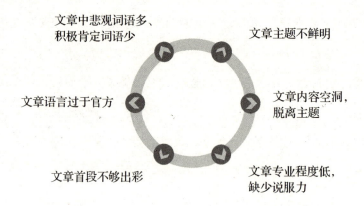

3.5.1 文章主题不鲜明

不少软文写手在创作软文时没有提炼出一个鲜明的主题，导致读者摸不清文章的意图何在，难以对文章产生深刻的印象，这就极大地削弱了文章的营销效果。事实上，一篇好的软文，应当使读者在看到标题的一瞬间就明白文章想要表达的主旨，也就是文章的立意所在。

写手如果想写明星爆料帖，那么这篇文章就应该跟明星的私密信息紧密相关。同理，如果写手想吐槽相亲这类现象，那么从头到尾都要有理有据地写出独到的观点。

举一个软文脱离主题的失败案例。在网络上曾出现一篇名为《黎明30年出道史：青涩从未失去》的文章。这篇文章在黎明复出之际推出，从文章的标题就能够窥探到其内容的宏大之处，标题中"30年出道史"给人的第一感觉是讲黎明出道的辛酸历程，以及在这30年内遇到的风风雨雨和付出的艰苦努力。

这样的一个标题对黎明的粉丝来说是非常有号召力的。可惜的是，文章仅仅讲述了黎明走上乐坛时的故事，并没有讲到标题中所提到的30年经历，也没有讲到黎明的青涩出道史，更没有讲到他如何30年如一日地保持青涩。单薄的文章配上这个标题，带来的自然是失望和零转发。这篇文章的收效极其不理想，没有达到营销的目的。

3.5.2 文章内容空洞，脱离主题

有的文案人员在创作软文时，喜欢兜圈子，可以用一句话表达的意思非要反复强调，不但降低文章的可读性，还可能会令读者嗤之以鼻。尽管软文是广告的一种，但是它追求的是"润物细无声"，在无形中将所推广的信息传达给目标客户，过度地说空话、绕圈子，会有吹嘘之嫌，导致整篇文章就像是一篇空洞的流水账。

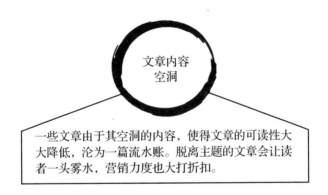

文章内容
空洞

一些文章由于其空洞的内容，使得文章的可读性大大降低，沦为一篇流水账。脱离主题的文章会让读者一头雾水，营销力度也大打折扣。

记流水账的弊端不在于文章主题的折损，而是文章的可读性不高。为什么大部分的人喜欢读故事，因为情节起伏跌宕，能带动读者的心情变化。喜欢记流水账的写手不妨用一些实际的案例支撑自己的"账本"，让内容显得丰厚，也让读者更形象地理解每一个"账目"。

此外，软文的目的是推广，因而每篇软文都应当有明确的主题，并围绕该主题进行文字创作。然而，有的写手在创作软文时偏离主题，乱侃一通，导致读者一头雾水，营销力度也就大打折扣。

很多写手的思维属于发散性的，想到哪里写到哪里。这对读者来说无疑是灾难，因为他们要花很长时间理清思路。当然，多数这样的文章是无

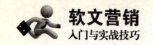

法得到太多转发和传播的，因为内容没有价值，或者说价值被淹没了。

3.5.3 文章专业程度低，缺少说服力

好的软文应当用数据和事实说话，这样不但能通过事实性和专业性吸引读者关注，还能保证软文推广得到实质性的成果。然而，事实上不少写手在创作软文时通篇讲故事，缺少令人信服的数据，导致文章不够专业，缺乏说服力，客户又怎么会放心购买产品呢？

专业术语的出现可以提高文章的价值，比如将《创业公司是怎样获得首批用户的?》改为《阿里巴巴当年获得种子用户的六大法宝》，读者会认为后者是专业人员所撰稿件，因为专业的词汇更能直指人心。

但对于冷门的专业词语，比如体脂含量、GI 值等，就需要专业的注释，否则读者容易丧失继续阅读文章的兴趣。

3.5.4 文章首段不够出彩

俗语说：文好一半头。软文的首段十分重要。很多读者往往只会扫描式地浏览到文章的标题和开头，不会仔细看完整篇文章，尤其对于篇幅较短的新闻报道来讲，标题开头决定成功与否的 70%。

很多的软文写作者，都会在首段的时候大段大段地陈述，甚至从国家政策风云突变引到文章主题。其实这是非常忌讳的，本来软文可能就 600字，大段的引子太显累赘和啰嗦。

出彩，并不意味着文章一定要长，事实上，能够引起读者好奇心的标题和短小精炼的首段更能吸引住读者。

3.5.5 文章语言过于官方

传统的官腔和高大上失去了原有的市场，轻松、直接的宣传成了主

导。软文内容过于官方化，便会受到年轻读者的排斥，尤其是针对具有独立思想、叛逆人格的众多90后来说，文章过于正统是软文写手的大忌。

2015年的饮料市场已经相当饱和，从果汁饮料到茶饮料到功能饮料，消费者的可选择性非常大，加上价格不相上下，这些饮料的竞争极其惨烈。

在这种饱和的市场上，"严肃搞笑、低调冷泡"的"小茗同学"脱颖而出，其宣传文案和方式获得了一大批90后粉丝。负责其品牌调性定位的李奥贝纳广告公司说："你若端着，我便无感。消费者是出钱的上帝，品牌商要想法设法地跟消费者做朋友，如果还一副高高在上的表情，反正我是不乐意接受你。"

3.5.6 文章中悲观词语多、积极肯定词语少

让人发笑、使人开心的内容更容易得到转发，而负面情绪的文章更容易被丢弃。研究数据表明：被广为传播的文章中，排在引发情绪第一位的是吃惊（占25%），紧随其后的是发笑（占17%），排在第三位和第四位的分别是开心（占15%）与愉悦（占14%），这四种积极情绪已经占了总体的71%。负面情绪很难促使人们去分享内容，引发愤怒情绪的爆款文章只占6%，而让人悲伤的仅仅有1%。

需要注意的是，让人开心和愉悦的一种特殊方式是吐槽，这是90后们喜欢的方式。他们的吐槽相当于一种批判思维，追求正义，反对委屈，所以吐槽不是抱怨，带来的更不是负面情绪，而是情绪的发泄。

读者花时间和精力去阅读一篇文章，是希望从中获得有用的知识和信息，含糊其词会使价值折损。试想，当你打开一篇《曝光，iPhone7的十大新功能》的文章，发现对于iPhone7的描述都是含糊其词，找不到任何有用的信息，你会对这篇文章失望吗？你会转发这类文章吗？

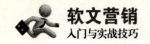
对于品牌商而言，这样一篇价值感不足的文章是无法获得消费者信任的，更不能打动消费者的心，相当于花费了人力物力增加了垃圾信息。

3.6 软文内容的重要性

如果说标题的创意是为了获得更多浏览，那么内容的存在就是为了获得更多转化和更多传播。软文的本质是广告，而广告是追求利益的，不管是商业广告还是公益广告，最终都希望得到更多浏览、更多传播、更多转化的效果。

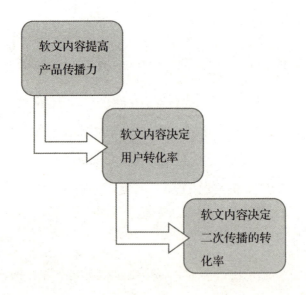

3.6.1 传播力

撇开标题的吸引力，我们来算一笔账，你在一个百人的群里推送了一篇文章，在接下来的 1 小时内，如果打开率以 10% 计算，打开量是 10；如果转发率以 2% 计算，转发量是 2。魔幻的事情在转发之后发生了，这两个人分别转发到拥有百人关注的朋友圈里，在接下来的 5 个小时内带来 20 的阅读量。累计阅读量为 30。

如果你的内容足够好，同样是推送到百人群，打开率不变，打开量不变，但转发量会增加，而转发量增加带来的效应是非常可观的。

在不投入其他预算的情况下，内容的好坏决定了转发量的高低，也决定了二次转发和最终阅读量。

3.6.2 转化率

对于购买行为来说，转化率是最终购买的人数在浏览信息人数中所占的比例。在浏览人数一定的情况下，转化率越高，产品销售越好。比如品牌商组织了一场促销活动，如果想要提高销量，可以有如下选择：将流量也就是信息覆盖率提高，或者将转化率也即是客户购买率提高，或者将两者同时提高。

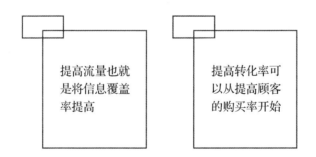

纯粹通过推广提高流量意味着要付费传播，是一项耗时耗钱的工程。但提高转化率所需要做的仅仅是在内容价值上下功夫。

相比较硬广的广覆盖率，软文营销更看重客户的转化率。

3.6.3 二次传播的转化率

和消费者直接接触广告不同，口碑营销是信息通过第三者到达消费

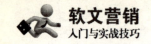
者。吃了无数广告亏的消费者早就对广告产生了抵触心理，但对于朋友推荐的广告，防备心理相对较弱。

所以，二次传播带来的读者更容易转化。

回到我们刚刚的计算，想要把销量提高，除了将流量提高，就是把转化率提高。但仅仅在第一次传播时将转化率提高是很难做到的，幸运的是，品牌商还有二次传播的机会。而二次传播的转化率效果更好，这批受众会再次传播，最终形成多次传播的效应。

"消费者不是低能儿，她是你的妻子，别侮辱她的智商。"这是奥美创始人大卫·奥格威的一句名言，你不能期望通过欺骗或者迷惑获利。软文内容就是你展示价值、博得"妻子"欢心和认同的武器。

这就是为什么有了震撼人心的标题之后，还需要优质的内容，因为后者才能真正说服让消费者购买。消费者不是低能儿，不是仅凭一句话就能打动他们的，实际的利益是什么、得到的好处是什么，消费者会加以权衡，尤其在产品同质化非常严重的时代。

第四章

放大软文的效果之软文传播

俗话说"酒香不怕巷子深"，但这句话在信息传递迅猛的今天已经渐渐不再适用，在如今的软文营销市场中，酒香也怕巷子深。完成软文标题和内容写作，相当于有了最具穿透力的子弹，而子弹想要击中目标，还需要合适的弹道。优质的软文想要获得好的传播效果，还得靠合适的传播方式和传播渠道。

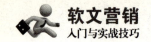
传统企业的市场份额被电商吞噬时，传统企业也开始走上线上线下融合之路，而电商的市场竞争也变得越来越激烈。企业都在想办法使营销成本最小化。作为网络时代低成本的营销方式，软文营销就很受电商的喜爱。如果想让软文营销更具有效力，我们就需要去总结做软文营销的方法，本章主要讲解软文是如何进行传播的。

合适的传播方式

合适的传播渠道

软文营销往往被认为是文字功底和文字游戏的表现，但那些真正 100万 + 的软文往往不只是拥有有价值的内容，还有隐藏在背后的传播方式和传播渠道。

例如，每当新一代的苹果手机上市前，都有概念图和实物图流出，无论是贴吧社区或者科技、数码类的公众号都会"泄露"这些情报，甚至还会有一些媒体提前对新一代苹果手机性能进行讲解。比如苹果 X 的全屏无按键设计被认为是新一代苹果手机的卖点，也是未来科技的象征。

纵观这些文章的标题，大都十分劲爆，比如《iPhoneX 的十大新功能曝光》《iPhoneX 提前震撼发布》《iPhoneX 长这样你还会买吗》，要么就是悬念营销，要么就是饥饿营销，引得消费者非常想一览为快。

这些文章当中所提到的内容对新型手机的卖点描述很客观，像是狗仔或记者探秘工厂的文章："iPhone8 Plus 跟 iPhoneX 的不同之处还包括……这个之前的报道已经多次提及，几乎可以确认其真实性。"诸如此类笃定的说法，都会极大地勾起消费者的好奇心。

如果细心观察，则不难发现，这一类科普、揭秘类型的文章通常不会单独地出现，第一篇文章出现后，紧接着其他换汤不换药的雷同文章也会相继出现。揭秘性的内容往往最能够撩拨人心，即使读者不会选择购买，也想点进文章从中一探真相。所以，很多人在发布会当天不是冲着买苹果手机，而是冲着确认传言是否为实去的。不得不说，这样的手段着实高明。

有意思的是，这些文章中提前揭秘的"小道消息"往往很容易被数码爱好者发现，比如小众类的贴吧、社群中。为了确认传言是否真实，数码爱好者的网友会去百度或谷歌搜索相关信息，然后则会发现科技类的专栏也会有类似的文章，可靠性比较高。

软文中"小道消息"的可传播性很高，内容多是有价值的信息，对网友来说知道这些信息就意味着提前获得了他人没有的情报，获得了一手的数码资讯。内容的价值在于传播，传播是刷存在感的最好方式。于是，文章或信息的转发、口口相传就顺理成章了。

但是，这些"小道消息"能够提前泄露真的是偶然吗？文章能被众多读者所看到真的是偶然吗？当然不是。消息是谁获取的？依靠谁发布的？为什么要发布这些消息？经由什么平台进行发布？这一切都是为了给新产品造势所进行的一场软文营销。

企业、品牌用充满悬念的信息让用户对于即将推出的新产品抱有期待，渴望发布会的召开。在新产品发布之前，越多的人知道零星的内容，发布会的影响力就越大，后期的销量就越好。如果前期造势不成功，发布会就注定是自娱自乐，后期也达不到既定的销售目标。

如果说苹果的新品发布会是新品推出的一个重要里程碑，那么发布会前的造势就是最重要的前期工作，而1～2个小时的现场新品发布会只是公布新产品的一个工具。

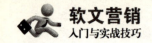

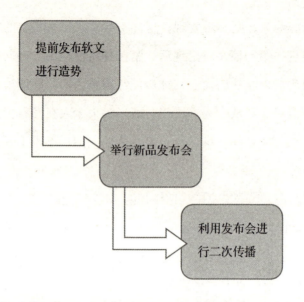

对于前期的造势，将在发布会上揭晓最终结果，满足了用户的好奇心；对于后期的造势，发布会是一个爆发点，经典语录、发布会形式、参会人员都是可传播放大的点，有利于在发布会结束后继续作为另一个营销主题进行推广。

和苹果公司运用软文为新品发布会提前造势一样，每一篇软文的出现都不是随机和随意的，进行科学的数据统计便可以发现，软文的出现与传播都是有节奏、有目的的一个营销过程。用户在朋友圈看到的消息也都不是意外出现的，尤其是当大量的刷屏信息出现、影响力广的大 V 争相转发消息的时候，都是品牌商的一种推广手段。

软文就像恋爱理论中的一句名言：认真你就输了。

4.1 软文传播的操作步骤

软文营销就是一个完整的营销过程，与简单的文章推广方法不同，软文营销环环相扣。软文营销每个环节都影响到整个营销过程的成败。有人说，软文营销就像是一场精心策划的"骗局"，策划方应该学会的就是如何做局。

一篇文章是否能够恰当地发声并且得到传播并不是一蹴而就的事情，那么，软文传播的步骤究竟是什么？像苹果公司那样成功的软文营销手段又是怎样实现的？在本节将会给出详细的解答。

4.1.1　找准传播定位，分析目标市场

一次成功的软文营销，首先需要进行市场分析，明确自己的主要传播目的，软文的发布是塑造品牌形象、帮助销售，还是增加种子用户、扩大品牌影响力等等。有效的传播往往会把传播目的细分，例如依靠软文的推广获得网站下载量、危机公关品牌恶性评价、提前透露新品某项功能为其造势等等。

其次，传播需要有明确的目标，比如达成的销售额、获得的好评比率、搜索权重的提升等等。

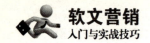

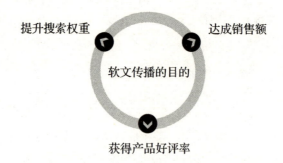

与此同时，分析软文投放的目标市场也是必不可少的环节。

软文营销也是一种营销行为，做市场分析是非常重要的，分析用户的特点，才能更好地策划软文话题，选择正确的媒体策略。不同的企业、品牌都有各自擅长的领域，例如体育用品商所需要面对的更多是爱好运动的人群，母婴系列产品的企业主面对的大部分都是妈妈级的人群。不同的企业在营销需求方面的差异也会很大，营销者切记不要盲目地模仿别人，即使在同一个行业里，进行市场分析也会有很多的不同。

明确的目标可以提供有效的传播渠道，在预算范围内做出最佳渠道组合。明确的目标还可以提供有效的考核方式，帮助营销者考核此次传播的效果。

4.1.2　了解受众群体

软文最终的落脚点仍旧是受众，也是阅读者和评论者。如果一篇软文想要俘获广大受众的心，就必须了解受众的真正需求，戳到用户痛点，刺激用户的认同感和购买欲。

不同的受众有不同的需求，对于软文内容的好恶也大不相同。例如苹果产品的受众多是数码产品爱好者，多数为追求品质和功能的人；电影《我是路人甲》的受众则是文艺而不得志的人；网络综艺《奇葩说》的受众是特立独行、言语犀利同时想要获得知识的人。

且不说产品是否可以满足用户的一切要求，但就宣传所用的软文来说，必须看起来可以满足大多数受众的喜好。

4.1.3 做好软文策划，确定软文主题

软文主题的策划更要准确地把握用户群特点，或者是根据营销的向导性来策划主题。如果是电商应该重注用户的信任度，如果是非常成熟的电商应该更注重活动和特色产品的推广；如果是推广品牌，文章主题应注重企业的公关传播，突出企业的社会责任感。

软文主题是非常广泛的，多思考多写就能策划出好的文章，其中的奥妙可意会而难以言传。当我们推广的目标不一样的时候，那么要强调的重点也是不同的。

确定软文传播定位就是在确定软文的主题。主题就是软文的内容和调性，如苹果以未来产品的功能和卖点为内容，以第三方探秘的形式撰写，让用户可以看到文章的真料，也就是可以获得的价值，并采用悬念的方式留有余地，是常见的一种软文撰写方式。

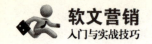
4.1.4 做好文章、产品准备工作

想要进行一场成功的软文传播，就应当保证软文的质量，首先需要一位有行业知识背景的写手。其实软文写作对于有点写作经验的人来说并不难，只是稍稍消耗一点脑力和时间，其文章内容需要耐心、细心地去琢磨。软文写作并不是很注重文字功底，更关键的是对行业的了解度以及对产品和服务卖点的精准把握，只要能够精准掌握用户的好恶以及产品卖点，加以技巧，就可以完成一篇完整的软文。

软文传播是营销环节中的一个点，而一个点的力量太有限，点与点必须结合起来，也就是说，与软文传播相关的工作必须做好。营销的推广过程中，所要推广的产品、服务同样需要跟上软文的传播速度。

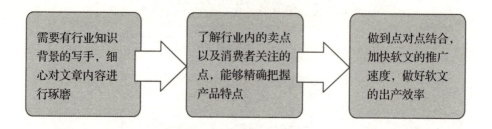

举个例子来说，当某品牌在某知名公众号中投放了一篇宣传产品的软文广告，由于该公众号原本就积累了相当多的基础用户，使得投放广告的效果非常好，该品牌网站的产品点击率升高了 50%，用户的购买率也大幅提升。这时品牌主非常欣喜，以为自己的投入获得了成效。

可是当在公众号搜索时却发现，该品牌的产品差评率极高，质量根本达不到用户的要求，不仅如此，产品的售后人员服务态度极差。于是导致之后阅读公众号的用户对该产品进行搜索之后秒关网页，不会选择购买。品牌网站产品的点击率虽然提升了 50% 但却只带来了不到 2% 的转化率，前期的所有投入只是让差评更为人所知了。这样的传播对于品牌声誉来说倒不如不做。

由此可见，软文推广并不是营销的最终目的，想要真正从软文推广的投入中获益，一定要做足充分的准备，品牌产品的质量、服务需要跟上，绝不可因为产品准备失误而导致前期软文推广前功尽弃。

4.1.5　找到推广方式，确定推广途径

电影《我是路人甲》在上映前期，由梁朝伟发布了一篇微博，结合该电影讲述了他在做群演时期受到的挫折。这篇文章一推出便受到了广泛的关注，大大地提升了该电影的曝光率，使得该电影一上映就实现了票房和口碑的双赢。随后林青霞《路人甲？有谁在关注？尔冬升！》、姚晨《I have a dream……》陆续发稿，引起众多明星转发。该电影在上映前为什么会选择由梁朝伟最初在微博发稿？这是推广渠道的选择。

明星的粉丝效应具有不可比拟的优势，一个明星相当于甚至高于一个门户网站的推广效果，也就是一个有效的推广渠道。

软文的推广需要确定推广渠道和渠道组合，同时，还离不开软文推广途径的选择。

一款产品发布，是软硬结合，还是靠软文轰炸长期作战？是联合其他品牌约战实现共赢，还是品牌单打独斗？不同的推广方式有不同的打法和推广节奏，收获的结果自然也会有所不同。

2016年起，健身运动行业大热，在健身人士中备受瞩目的健身APP"KEEP"推出"自律给我自由"的广告，配合覆盖式的地铁海报广告、楼宇电梯视频广告，"KEEP"的公关新闻稿《90后创业创办KEEP，15个月用户超3000万，只要你有梦想》也遍布网络，使得"KEEP"这款APP迅速成为了应用市场下载量最高的健身类APP。

这是一组软硬结合的广告营销，在健身旺季的6月份的开端刷爆朋友圈，实现了一场成功的软文、硬广相结合的营销。

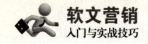

4.1.6 软文的发布与评估

软文发布环节是重中之重，到了发力的时候了，因为再好的软文不被人们看到也是白费力气。软文发布需要运用专业的软文发布平台来完成，随着自媒体时代的到来，软文营销已经到了一个新的高度，很多企业主在发布软文时会结合微信公众号平台、门户新闻网站、专业榜单等不同的平台，对企业产品及服务进行全面推广。

软文效果的评估情况其实是企业最关心的问题之一，我们应该综合品牌和销售情况、网站流量、电话咨询来评估。一般对于软文效果的考核，是从较长的时间段去考察，至少需要一个星期的时间。

效果评估有两个目的，一是这次软文营销是否达到了最初的营销目的，二是为下次营销活动做数据积累。

好的软文发布平台下次继续投放，不好的平台不再投放。可以通过专业的广告投放平台所提供的数据报表做进一步分析，例如进行门户新闻软文投放时，用户的转载量和媒体的新闻收录情况可以作为企业主的参考，微博、微信当中的自媒体广告的投放则是侧重于影响力指标。

4.2 软文传播的常见渠道

有人说，创意再好的活动没有强大的渠道作为支撑，都是白费功夫。

的确，策划一个完整的活动方案，包括活动设计、资源整合、传播路径规划、数据监测、活动复盘五个重要部分。而在传播路径的规划当中，首先得尽可能地了解全网的传播渠道，才能做好适合自己的活动传播路径规划，才能够有效地将自己的软文推广到更加广阔的平台当中，实现营销的最初目的。

如今，随着网络信息传播愈加发达，传统的广告形式渐渐不再盛行，相较于硬广的大投入，软文营销进行产品、品牌推广成本低、效果好，如果策划、组织得当，一定能够能起到四两拨千斤的作用。软文推广主要借助网络自行传播，从而达到传播品牌、产品和服务，并引发广泛关注、提升知名度和获得直接效益的目的。软文营销的传播渠道有很多种。新闻资讯平台、网络论坛、博客、SNS类网站和即时通讯工具都是重要的传播和放大平台。

如今的软文推广，不仅仅只是见于报刊、杂志、书籍等渠道，随着微博、微信、论坛等新媒介平台的兴起，互联网时代软文推广的渠道也越来越多，企业面临着更严峻的推广文化，广告推广碎片化的特点越来越突出，各型各款的推广渠道都有所不同。那么，在进行软文推广的过程当中，又有哪些渠道可供企业主进行选择？在本节当中，将会对软文传播的常见渠道进行简单介绍，以供大家进行参考与选择。

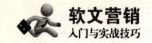
4.2.1　报刊杂志发布软文

随着新兴媒体的发展，报刊、杂志不再是最流行的软文传播渠道，但仍有不少人保留着阅读纸媒的习惯，纸媒的影响力不应该被忽视。作为出现时间最久的软文媒体传播渠道，在报刊、杂志上发布软文仍旧是最基本的营销手段。

对于报刊类读物的选择十分繁杂，如《南方周末》《深圳晚报》《南方都市报》《人民日报》或是其他本地报刊等，都可以作为软文发布的第一平台。报纸业虽然被称为夕阳行业，但在国家政策的引导下，仍然能覆盖到一大部分人群。尤其对中老年人来说，阅读报纸已经成为他们的一种习惯，很多中老年人不擅长浏览手机信息，纸媒仍旧是他们获取信息来源的第一渠道。在报纸类读物中进行软文推广可以取得一定的效果。

选择纸媒进行软文推广，时尚、汽车、财经、旅游等种类繁多的杂志自然也成为了软文投放的较佳平台。

杂志和报纸的处境相似，纸质类的杂志正向电子类杂志或者微信平台、APP 平台转化，以适应互联网带来的变化，保存现有的读者群体，吸引新的读者群体。

如《环球人物》《YOHO！》《商业周刊中文版》等都出了电子版 APP以适应当代新媒体的冲击，而《时尚芭莎》《ELLE》《知日》等杂志建立了自有微信平台，用户数量和阅读量都达到了一定的体量，同样也是投放软文的不二选择。

4.2.2　新闻媒体发布软文

新闻软文发布在营销活动中有效综合运用新闻报道传播手段，创造良好的传播效能。

新闻软文营销通过新闻的形式和手法，多角度、多层面地诠释企业文化、品牌内涵、产品机理、利益承诺，传播行业资讯，引领消费时尚，指导购买决策。这种软文发布模式非常有利于引导市场消费，在较短时间内快速提升产品的知名度，塑造品牌的美誉度和公信力。

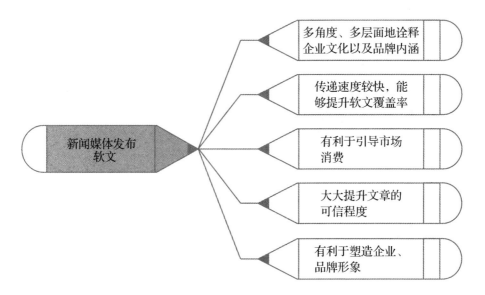

企业具体应该选择哪种形式，需要咨询专业的团队，根据企业形象、发展现状、销售情况进行全面的规划。"超级软文"在新闻、软文推广方面具有丰富的经验，同时，媒体资源上千家，拥有强势媒体整合能力，为企业提供切实有效的推广方案，帮助企业步步为"赢"。

新闻媒体的选择也是多种多样的，例如腾讯网、新浪网、网易、凤凰网、搜狐、新华网等大型门户媒体；再如果壳网、虎嗅网、中关村在线、钛媒体等行业细分领域的专业人群聚集的媒体。此类媒体是新闻软文的重要宣传渠道，同时存在着媒体需要企业新闻，而企业新闻需要宣传媒体的对应需求。体系完整的新闻媒体是软文兴起的阵地，也是软文推广的重要渠道。

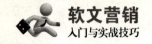

4.2.3 垂直网站、搜索引擎发布软文

企业主可以通过垂直网站投放软文广告,利用网站的热度以及知名度,提升自己产品及品牌的知名度和热度。如站长之家、bilibili弹幕视频网站,以及一些旅游网站、房产网站、购物网站、美妆推荐网站等。

在这里,以网站"什么值得买"为例。该网站设有测评专区,用户在网站中可以将使用某产品后的体验和感受编辑成文,并且发布到网站对应版块中,将自己推荐的产品加以评述,为其他用户提供借鉴。企业主或者品牌主就可以抓住这样的模式,对自家的产品进行推荐,在网站中发布相应的软文,做到悄无声息地打出广告。

这类专区类似于科技类网站的测评,对于消费者来说,用户真实的使用感受比商家吹嘘的广告更有借鉴意义,所以可参考性更强。所以,这类专区是品牌主推广的较好地带,以用户的角度对产品做介绍,隐藏硬性广告意味,获得消费者的信任。

垂直网站、搜索引擎
发布软文优势

提高软文传播的速度,从用户的角度为产品做出介绍,减少硬性广告意味,以获得消费者信任

再比如,"Getfit"的个性化健身服务进行的软文营销。在很多健身、瘦身网站中,用户健身打卡、经验交流的板块中大量出现这样的文章,内容大都是某用户通过种种健身方式在短期之内实现"逆袭",成为"人生赢家"。这样的文章十分有渲染力,大量网络用语加之丰富的配图都让文

章显得更加有说服力，"Getfit"的品牌也被悄无声息地植入到了文章当中。读者从头到尾都不会产生被推送"硬广"的违和感，反而看得津津有味。"Getfit"的这场文字游戏玩得极好，诸如此类的软文大量出现在媒体平台中，获得了惊人的查看量和转发量。

借助网站进行软文推广，也不仅仅局限于垂直网站发布，企业主和品牌主还可以利用产品官网来推广活动，在站内最显眼的地方，或者用户最关注的板块添加活动引导信息，这样能够最快速地吸引用户关注活动。

除了借助网站进行软文推广以外，企业主还可以选择在网站的搜索引擎中投放软文。这属于互动营销的一种。消费者通过主动搜索企业或产品相关的关键词获悉软文内容，是一种最有利于企业进行营销的方式。通过百度文库、百度经验等形式，既能与消费者产生互动，又能推荐企业、品牌的产品。同时，还可以让所要推荐的产品口碑、服务口碑植入其中，达到口碑传播效果。

网站的搜索引擎中投放软文

属于互动营销的一种方式，通过百度文库、百度经验等方法与消费者产生互动，同时将产品口碑、服务口碑植入其中进行传播

4.2.4　微信、微博、QQ空间及社群发布软文

在新兴媒体迅速发展的网络时代，微信公众号、微博大V等媒体受到的关注甚至比传统媒体更多。那么这些新兴的软文传播平台自然而然就受到了企业主和品牌主的青睐。

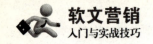
微信公众号大号、朋友圈、漂流瓶等功能，都是软文推广的重要渠道。随着微信使用人群的激增，目前没有其他平台可以取代微信的社交、生活工具功能，微信可以说是软文推广不可或缺的渠道。

与微信相同，微博和QQ空间也是软文传播的主要阵地，这两个渠道和微信的功能类似，都可以通过大号、热搜榜、自媒体账号进行软文推广。与微信不同的是，微博和QQ空间作为较早的互联网产品，如今的热度已经不如盛行时期，但这两个渠道仍有其价值。

与此同时，社群也是软文营销中必不可少的阵地。社群是互联网细分的产物，比如豆瓣是文艺青年的社区、知乎是问答社区、果壳是科技社区、哔哩哔哩弹幕视频网站是90后的观影社区，以及各类贴吧、博客、论坛等。

在这些社区中积聚的人群有着明显的共同兴趣爱好或性格特点，对符合社群定位的产品来说，是很好的软文推广渠道。

比如小米某款产品推向市场前，会组织人员在某些贴吧、论坛中散布新品的信息，这些信息往往是以"曝光"的形式出现，引导用户传播和讨论。为了让消息更加可信，企业主会选择与吧主合作，雇佣水军传播消息，形成信息传播的阵势。

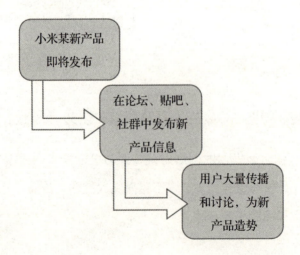

所以，当你看到很多人在论坛讨论新品、新技术时，要注意分辨哪些是真实的用户或参与者，哪些是用来引导舆论走向的水军，这是营销人必须学会的。事实上，如果想要合作顺利，得到更好的执行，营销人还必须与社群的群主保持良好的交际和深度合作关系。

软文的社群传播，其中不得不提的就是利用博客这种网络应用形式开展网络营销。公司、企业或者个人利用博客这种网络交互性平台，发布并更新企业、公司或个人的相关概况及信息软文，并且密切关注并及时回复平台上客户对于企业或个人的相关疑问以及咨询，并通过较强的博客软文发布平台帮助企业或公司零成本获得搜索引擎的较前排位，以达到宣传目的。

4.2.5 组合渠道发布软文

企业主进行软文推广的时候，不同目的的软文有不同的推广方式和渠道组合，这需要企业主和营销人深刻了解所处的行业，对不同的渠道也有足够的认识和操作经验，才能以最少的预算达到最好的传播效果。

于 2016 年 7 月上映的电影《致青春 2 之原来你还在这里》，其片方在 2016 年 6 月 27 日就提前曝光了主题 MV，然后以平均每天曝光一组剧情的速度，为电影上映提前进行预热。这部电影的宣传通过多种渠道展开，提前获得大量的关注度。

片方开通了《致青春 2 之原来你还在这里》（以下简称《致青春 2》）的微信公众号，曝光电影剧照和宣传片。各大影院微信平台同时公布了电影剧情和电影的上映时间，只要在微信搜索关键词和电影名称，则会发现非常多相关的报道，为电影的前期造势做足了准备。

不仅仅在微信公众号平台进行宣传，片方还利用了搜索引擎的优势，只要用户通过网站的搜索引擎搜索关键词"致青春 2 之原来你还在这里"，

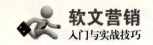

就会看到在微博、贴吧甚至是订票网站等都有相关的报道，铺天盖地的报道配合片方推出的赠票活动为电影上映预热，在观影群众当中造成了巨大的反响。

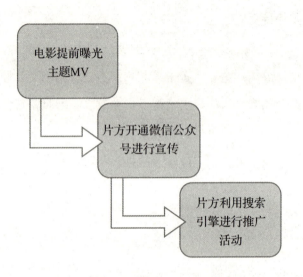

与《致青春2》同期的电影有许多，同档电影之间竞争力极大，相对《魔兽》这部著名网游改编的电影提前156天加紧宣传阵势来说，《致青春2》这部小清新剧情片的宣传频度十分低，但仍旧涉及社群、微信、微博等互联网矩阵。为什么片方会做出这样的选择呢？这样选择的益处又在哪里呢？

片方十分了解电影的受众，首先《致青春2》是一部青春主题电影，观影人群主要集中在90后当中，以学生为主，这类群体的集中地是微信和微博，在公众号和微博中进行宣传，被这部分群体关注的可能性最大。

在《致青春2》之前，青春类电影《致我们终将逝去的青春》票房较好，《致青春2》让人联想到是前一部电影的续集，借着前作的热度，《致青春2》自然而然受到了群众的关注。从这部电影的软文传播特征中可以看出，片方推广软文的渠道是组合式的，不仅仅局限于某一个平台。

软文传播应该如何应用组合渠道，接下来进行具体的讲解。

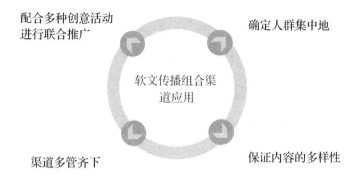

配合多种创意活动
进行联合推广

确定人群集中地

软文传播组合渠
道应用

渠道多管齐下

保证内容的多样性

1. 确定人群集中地

应用传播渠道的组合进行软文营销，首要一点就是确定人群的集中地。尤其是在企业、品牌宣传预算有限的情况之下，确定人群的集中地可以有效地减少投资的浪费，有助于将软文准确投放，精准的营销能让有限的投入获得最好的效果。例如上文中提到的《致青春2》的电影推广，此类青春电影的主要观影者是青年学生，所以片方在制定推广计划的时候不妨选择学校的渠道，如学校的论坛、贴吧、微信平台，这些平台中学生基数大，浏览量高，是电影受众人群的主要集中地。

与《致青春2》这类小清新电影不同，电影《魔兽》的主要宣传阵地选择在贴吧，因为这是一部立足游戏而出的电影，粉丝集中地非常明确，就是藏身于贴吧进行讨论和争辩。贴吧是最能引发粉丝讨论的渠道，是比较容易安插水军和意见领袖的地方，此类电影的风格更加适合贴吧这类渠道。

《魔兽》的另一个主要宣传推广阵地是游戏群，这更是精准人群的聚集地，也是最同仇敌忾的团体。在这个渠道以挑衅的内容在群内做推广，效果甚佳。

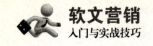

2. 保证内容的多样性

通过不同的渠道进行软文的推广不能一篇内容用到底，否则广告意味太明显，且容易引起读者的审美疲劳，而使读者对软文内容产生抵触情绪。

不同的受众群体有不同的兴趣点，而一篇文章所包含的内容是有限的，无法对每个点都展开。因此，应当根据不同的渠道、不同的受众选取不同的角度撰写多篇文章同时进行推广，通过多篇文章将产品或服务描述透彻，获取不同层次的用户。

就以《致青春2》这部电影的推广手段来说，在微信平台投放的软文内容需要侧重打感情牌，突出对青春的回忆、对美好时光的眷恋、对单纯恋爱的憧憬等，因为微信用户中学生较多，这样的宣传角度能够引起学生的广泛认同。而在微博平台上，片方的宣传主要侧于重主角吴亦凡、刘亦菲的个人魅力，宣传主角在拍摄时的努力，借助主演的超高人气获得观影群众的关注。

3. 渠道多管齐下

每个渠道能够吸引的关注人群都是十分有限的，在一个渠道发布信息，信息所覆盖的人群也有限，同时，每个用户所能够关注的信息渠道是有限的，这就导致信息可能被接受的概率有限。

由于人们关注特定渠道的时间和精力受到限制，这一现象也会导致信息被接受的概率受限，那么如果在单一渠道进行推广，每条信息对读者的影响是有限的，信息到达人群的频率就会有限，产生的效果也将会大打折扣。

为了保证信息能被广泛地阅读和接收，形成信息的轰炸力，企业主应当在软文推广过程中使用多条渠道多面撒网，这样一来不仅能覆盖更多的人群，也能形成宣传的阵势，保证宣传的热度和广度。

举一个简单的例子，以当下十分流行的 AI 技术为中心进行软文营销时，由于很多用户对于该技术并不了解，这个词对于用户来说是一个陌生的名词。如果一条有关 AI 技术发展的文章出现在微信公众号的推送当中，那么用户可能根本不会点开或是注意到。但是，当用户在不止一个平台上看到有关 AI 技术的文章时，在他的潜意识中将会对这个词语产生深刻的印象，逐渐地就会意识到该项技术的发展。随着在不同平台上反复接触此类文章，用户慢慢地就会了解到虚拟技术将会颠覆实体技术。通过这样的软文信息轰炸，有可能会引发潜在读者对于 AI 技术的好奇心。

即使用户没有对大规模的软文进行回应，但是在心底已经对该产品或是品牌产生了一定的印象，一旦提及与该文章有关的内容，立刻就会对该产品产生联想。

4. 配合多种创意活动进行联合推广

如果只选择软文这一种方式来推广，会使产品显得单薄，因为软文多是打感情牌，感情需要加上实力，才能获得较好的效果。

在推广软文的过程中，还应当配合多种创意活动进行联合推广，毕竟软文的煽动力仍旧是有限的，相较于空洞的文章宣传，受众更加愿意参与一些有实质性奖励的小活动。例如现在很多电影在宣传过程中会开展各式各样的活动，电影《致青春 2》上映前，部分微信群就参与了"分享朋友圈赠送电影门票""转发就送男女主亲笔签名明信片"的活动，活动中奖名额数量庞大，以此吸引更多的人参与，从而在社交平台中传播开来形成更强的传播阵势。"送票"等活动不仅可以带动软文阅读，还可以提高电影的上座率，用户会在购买之前或购买之后确认电影的价值，软文就是介绍电影价值的最好方式，观看用户的反馈则是最好的宣传。

任何渠道和宣传方式都不应该是独立存在的，单一的宣传模式不但无法形成强大的阵势，还会降低单一活动的参与度和可信度，因此，在选择传播渠道的过程中一定要注意不要走入单一模式的误区。

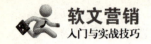
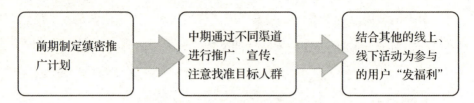

软文传播中，渠道选择是一个有实操经验和观察力的团队才能做好的工作，传播的渠道随时都在更新换代，旧的渠道在逐渐消失，新的渠道如雨后春笋。对于不同的策划主题与营销方案，应选择不同的渠道进行推广。不同渠道的操作方式千差万别，合作方式也不尽相似，那么这就需要策划者具有敏锐的洞察力，能够时刻保持追新的能力，还要具有协调多种渠道的能力。

4.3　软文传播的误区

随着互联网的发展和传统媒体的数字化趋势，网络新闻软文传播日渐成为企业重要的营销手段，搜索引擎竞价，网络广告竞争愈演愈烈。企业新闻软文传播的效果，最直接的是企业品牌的提升，进一步促进成交转换率，换句话来说，如果企业品牌提升不起来，投入再多的广告所产生的成交率也不会太高，企业新闻软文是一种催化剂，能树立客户对企业的信任，越来越多的企业开始投放软文，但依然存在一些误区。

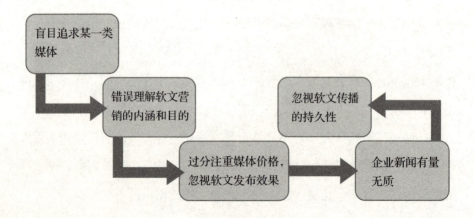

4.3.1 盲目追求某一类媒体

一般来讲，在软文营销当中，专业的大型门户网站的影响力优于行业网站和区域门户，但媒体方案应根据实际市场来定。例如有区域限制的影楼行业，可以投放一些门户网站起到关键词优化效果，也可以投放到本地门户网站来更好地引流。媒体选择上要考虑多方面，可以穿插选择媒体。

4.3.2 错误理解软文营销的内涵和目的

软文营销是需要推广软文不假，但是片面地认为软文营销就是软文发布则有些欠妥。如果把软文营销比做一顿晚餐，那么软文发布就是一筐萝卜、青菜等原材料。"软文发布就是要将软文发布到媒体上，想要发布软文只要有媒体资源就可以做到。"许多企业主在投入软文营销的时候都会陷入这样的误区。

其实，软文营销远远不止这些内容，整个软文营销的过程并不仅仅只是撰写文章和发布这么简单。想要完成一次成功的软文营销需要一个整体的策划，根据企业的行业背景和产品特点策划软文营销方案，根据企业的市场背景做媒体发布方案，文案创意人员策划软文文案等。

4.3.3 过分注重媒体价格，忽略软文发布效果

有些企业主或品牌主想做软文营销，但却不想投入过多资金，只是单纯考虑要将软文营销的成本压到最低。

这个想法自然可以理解，但是市场是容不得半点沙子的，一分价钱一分货，好的营销服务绝不会廉价。

在进行软文推广之前就应该明确知道，软文不是发在任何网站都能起到推广的效果，一些网站无法收录相关软文，或者选择进行推广的网

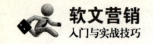

站、媒体根本没有流量，那么，即使软文成功发布，也会像是石沉大海一般了无踪迹。

4.3.4 企业新闻软文有量无质

软文是一种低成本的营销方式，也是一种后续式推广，软文一经发布不出意外的情况下会始终存在，而且是在持续发挥它自己的光和热。既然软文的效果是"终身"有效，也就无法实现软文推广立即见效。于是一些品牌主想要让软文以量取胜，甚至一天之内发布几十篇新闻稿。

软文传播有量无质

软文传播是一种低成本的营销方式，虽然需要在数量上取胜，但是同样需要注重质量上的保证

相信大家一定听过边际效应递减这个概念吧，同样适合软文的投放，一天投放一篇、两篇、三篇的边际效应是递减的。事实上，软文营销并不要求软文的总量很多，有一定的量就行，但是文章的"质"一定要高，如此一来，软文传播可以达到事半功倍的效果。

4.3.5 忽视软文传播的持续性

对于软文营销推广，一些企业主一天之内同时发很多篇文章，并且可以保持天天发布的频率，但也有的企业主一年只发一次、两次。发布软文的频率同样影响到了软文传播的持续性。

一些企业主认为软文只能起到推广口碑的作用，但是直接带来客户还是少的，所以对于软文的推广并不专注，只是偶尔发布几篇文章。

软文不是直接成交客户的推广，但是可以提升企业形象，提升意向客户的成交率。客户往往是通过广告认识企业的，但是决定购买往往是软文的催化。

4.4 软文传播的红人效应

4.4.1 明星效应

在现代消费行为中，消费者的心理活动在消费行为影响因素体系中占据的地位相当地高。因此，广告会运用不同诉求方式吸引消费者，抓住消费者的心理，让其有心理上的转变，然后产生购买动机，最后付出一定的购买行为。

广告诉求方式，是指广告制作者运用各种方法，激发消费者的潜在需要，形成或改变消费者的某种态度，告知其满足自身需要的途径，促使其出现广告主所期望的购买行为。显然，广告诉求能否达到预期目的，与其是否透彻地了解、娴熟地把握消费者心理息息相关。因为，尽管广告所宣传的产品种类不可胜数，但它总是通过消费者而起作用的。对消费者心理的任何忽视，都将招致广告效果锐减，甚至是完全失败。

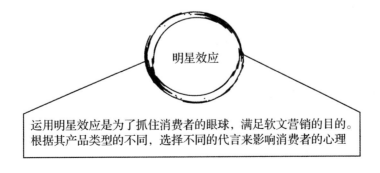

明星效应

运用明星效应是为了抓住消费者的眼球，满足软文营销的目的。
根据其产品类型的不同，选择不同的代言来影响消费者的心理

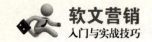
而现在的明星代言广告也属于抓住消费者眼球的方式之一，这些明星代言广告直接或间接地对消费者的心理乃至消费行为有着一定的影响。这就产生了所谓的明星效应。

企业的每一种产品都应该追求市场的最大效用，并且以此为目的，树立起自己的品牌形象，使企业、品牌知名度提升。

不知道大家是否还记得德芙巧克力的那一条经典的广告——"听说，下雨天，巧克力和音乐更配"。这支由邓紫棋出演的广告片一经播出便受到了观众的热议，对广告本身褒贬不一的评价使德芙巧克力的话题关注度一路飙升。

为什么德芙巧克力会受到热议呢？这正是因为明星效应的带动。要知道，邓紫棋当时刚刚参加过一档同样是话题关注度极高的综艺节目《我是歌手》，并且凭借"巨肺小天后"的称号以及一首传唱度极广的原创歌曲《泡沫》迅速成为了娱乐圈的新生主力，收获了无数的粉丝。

不可否认，早期的化妆品明星广告确实以明星的魅力造就了品牌的魅力。如 100 年润发品牌，以当时红极半边天的香港影星刘德华为代言人，而"华仔"敦厚的微笑以及他为模特洗头的一幕确实迷倒了不少消费者。该产品迅速红遍大江南北，成为家喻户晓的品牌。

4.4.2　红人经济

经由这种明星效应催生出的营销产物则是红人经济。在一场营销推广过程中，能够左右传播效果的只有一类人，他们就是传播者。而传播者听谁的？那就是领导型人物，也就是红人。

红人在传播中起着舆论领袖的角色，因为本身的经验、学识等原因，这一类人能够获得大众的信任和跟随。红人主要包括明星、名人、行业专家以及移动互联网大潮下涌现的网红。

从品牌角度来讲一场软文营销需要抓本质，那就是带动品牌的销量。以前只能通过单一的渠道进行宣传推广，但是在现如今，通过红人经济，借助网络红人的知名度带动，做到了品牌的快速推广，以及认知度的极速扩大。

那么软文与红人的合作应该怎么展开呢？通常有以下四种合作方式。

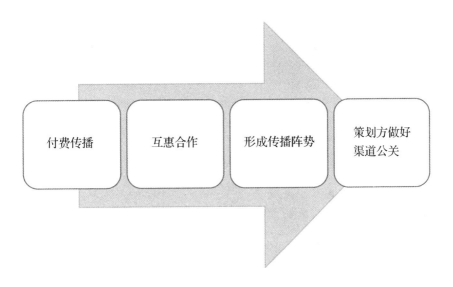

第一，付费传播。想要在短时间得到好的传播效果，与红人合作不可缺少，且需要按照市场价格付费传播，毕竟做广告是大部分网红赚钱的主要方式。

第二，互惠合作。红人需要有曝光的机会，而企业需要红人的协助，所以在某些情况下，二者是可以互惠互利的。如果希望得到免费或低价曝光的机会，品牌商就需要寻找需要曝光机会的红人，将软文制作成对红人曝光有利的内容，比如联合公益活动、关心艺术或自然等等。

第三，形成传播阵势。也就是说，将网红传播和其他宣传活动相结合。例如，佳洁士曾经推出过"鹿晗乐享咖啡珍藏版"的限时活动，就是

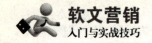

佳洁士借鹿晗生日组织了鹿晗的大批粉丝进行公益活动，而不是单纯地通过鹿晗的知名度以及形象传播产品。

第四，策划方做好渠道公关。公关的目的是以最低的价格保证最好的效果，也就是以最佳的合作方式获得红人的资源。

红人由于本身的灵活性，可以从多个角度加以发挥，比如梁朝伟成为《我是路人甲》的撰稿人，鹿晗的生日交由佳洁士来操刀，papi 酱的广告拍卖会实际上可以理解为一场事件营销等等。与红人保持密切的联系，才能碰撞出更多的合作方案火花。

4.4.3　网红营销

网红，即网络红人，是指因某个行为或一系列事件而在互联网上迅速受到关注而走红的人，目前，泛指通过社交平台走红并拥有大量粉丝的人。比如"芙蓉姐姐"史恒侠、"国民老公"王思聪、"短视频女王"papi 酱（姜逸磊）、淘宝第一网红张大奕。

基于马斯洛需求理论，从用户认知和需求角度我们可以将网红分为五大类：颜值类、情绪类、达人类、领袖类、虚拟 IP。他们分别满足人们的生理需求、安全需求、归属需求、尊重需求、自我实现需求。

很显然，不同类型的网红，其代表的用户群明显不一致，这也符合社会阶层的现状。网红作为一种人格化的内容形式，也没能逃掉内容产品的本质价值：过滤人群的入口。

现如今，在这个人才辈出的网络世界，网红成为了互联上最具号召力的群体，一些知名的网红，甚至在社交平台上拥有几千万的粉丝数量，影响力相当可观。因此，不少的企业主以及品牌主会通过和这些网红合作的方式，对自己的产品或是品牌进行宣传，其中不得不提的就是唯品会的一场成功营销案例。

唯品会作为国内主营互联网在线销售品牌折扣商品的网站，在网红营销方面经常作出创新突破。近年来其最为突出的特点就是将"明星＋网红＋直播"的方式组合起来。

移动互联网时代，网民与用户在软文营销当中的参与感大幅度提升，这带来了产品服务与用户交互沟通的全面变革。基于此，唯品会聘请明星作为体验官，启动"惊喜营销"的营销活动，将明星IP具象为各种惊喜的购物体验，顺势推出网红营销，将消费娱乐化与用户粉丝化的营销充分结合起来，实现了提高知名度的作用。

唯品会曾在2016年的"7·19"爽购节这一天邀请"段王爷"薛之谦主演"爽的事情做三次"视频，联动品牌明星吴尊、黄致列、王祖蓝等齐助阵，人气全网狂飙。

2016年7月16日，已经一周没有发广告的薛之谦在微博投掷了一枚重磅"惊喜"：他cosplay名侦探，称真相只有三次，并喊话"我做什么事情都喜欢做三遍"。做俯卧撑、喝水、打人、用手机买东西，统统无"三"不欢，神经质人设的表演和全然没有偶像包袱的捧逗，惹得粉丝哄堂大笑。简单的文案，加上诙谐的演绎，这段"神经质"的小视频迅速得到了网民的广泛关注。

在层层铺垫后，视频的结局中猝不及防地揭露了整段视频的真正目的，那就是"唯品会'7·19'，折后3件8折，爽爽爽购节"。

这支宣传片就是借助了当时薛之谦的超高影响力。因为看到偶像发微博，粉丝立即炸开了锅，纷纷留言喊话"这个视频我认真地看了三遍""大家放心看，这是一个广告"……同时，唯品会"7·19"爽购节的折扣仿佛炎炎夏日中的一道清风，撩拨起粉丝去追逐心中向往的爽快感。粉丝的频繁互动也扩散了促销信息，使得唯品会这场"7·19"爽购节赢得了满盆博彩。

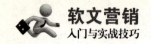

短短三天里，这条时长不到 1 分钟的视频短片迅速在社交网络上热传，持续刷爆热门微博榜，被大批网友疯转和评论，受到电商界、广告界，乃至娱乐圈的集体关注和赞誉，获得亿万级曝光。不得不说，当唯式惊喜遇到薛式广告，网红营销的作用得到了充分的发挥。这样的营销方式与软文相结合，能够催生出更加庞大的影响力。

4.5 软文传播有节奏

就像电影的整体节奏一样，软文营销的过程节奏同样是有技巧的。仍旧以 2016 年 6 月初上映的《魔兽》电影为例。这部在端午小长假上映的引进片，上映 5 天后票房就突破 10 亿元，打破之前一直保持纪录的《速度与激情 7》，成为最快冲破 10 亿元票房的引进片。这部电影在国内影迷当中受到广泛关注，一时间成为了全民讨论的焦点。

除了精湛的制作技术以及庞大的基础粉丝群体以外，这部荧幕巨制之所以能够取得巨大的成功，和营销推广把控节奏是分不开的。那么，这部电影又是运用怎样的方式，将软文传播开来，做到一次成功的软文营销呢？

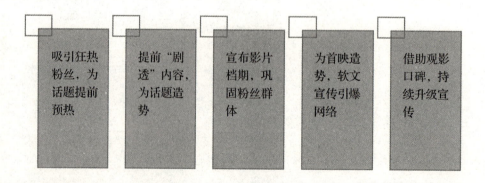

吸引狂热粉丝，为话题提前预热

提前"剧透"内容，为话题造势

宣布影片档期，巩固粉丝群体

为首映造势，软文宣传引爆网络

借助观影口碑，持续升级宣传

4.5.1 吸引狂热粉丝，为话题提前预热

早在电影上映的前一年，网络平台上陆续出现了《魔兽游戏》改编成为电影的通稿，紧接着《魔兽》电影开通官方微信公众号以及 QQ 公众号，将这两个公众号作为最重要的宣传渠道，并且大量投放与电影相关的文章。

《魔兽》游戏在国内原本就已经积累了一大批粉丝，这些粉丝自发地聚集在微信群、QQ 群或者贴吧之内，自发推广与《魔兽》电影、游戏相关的内容。

与此同时，官方公众号和群持续组织活动，带动用户持续活跃，使之成为电影乃至电影周边产品的种子用户。在电影上映前期，打了广泛的群众基础。

4.5.2 提前"剧透"内容，为话题造势

在《魔兽》这部电影上映前 82 天，电影官方营销组开始陆续放出电影的宣传片、海报等一手资料，勾起了观影群众的关注。电影上映前 79 天，首度曝光电影中文预告片，并且由国内知名演员揭幕。同时，全新的电影中文海报揭幕，史诗级片感扑面而来，掀起了首轮映前讨论热潮。

这一阶段的电影宣传当中，官方营销组以小频次的花絮揭幕、角色海报、剧情预告片、人物预告片、主题展等方式不断拨动观众的心，以"剧透"的形式为电影上映提前造势。

4.5.3 宣布影片档期，巩固粉丝群体

直到《魔兽》这部电影上映前 36 天，官方终于正式宣布，此电影定

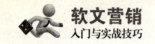
档 6 月 8 日登陆中国。随着官方正式定档，也稳定了为等该部电影心急如焚的粉丝们，粉丝们一个个蓄势待发，迫不及待地想要进电影院一睹影片的真容。

接下来的宣传当中，营销组通过主题展、海报、中文推广曲、特辑等方式埋下更多炸弹，个个释放出海浪一样的巨大威力，巩固了基础粉丝群体，也吸引了更多的新用户对电影产生关注。

4.5.4 为首映造势，软文宣传引爆网络

就在《魔兽》上映前 8 天，该部电影的导演邓肯·琼斯、影片中饰演兽人术士古尔丹的吴彦祖、饰演半兽人迦罗娜的宝拉·巴顿等在北京出席电影中国首映宣传活动。《魔兽》在北京首映，媒体口碑解禁以后，都称这部电影的动作戏堪称惊艳。

就在这时，《为了部落！兽人永不为奴！》《还记得那些年我们玩过的魔兽吗?》等文章出现在了网络当中，官方运用这样的软文，勾起了影迷"站队"的激情，同时打起了"情怀"牌，让一大波由《魔兽》这个游戏伴随童年的人重新拾起了自己小时候的游戏时光。

此时，各大影院的排片已经做好，影院海报处处可见，电影一票难求，火爆程度可见一斑。

4.5.5 借助观影口碑，持续升级宣传

前期的一系列宣传活动让观影粉丝激增，终于，6 月 8 日，让万众影迷翘首以盼的《魔兽》大电影正式上映，在首映当日便场场爆满。然而，此时营销还没有结束，另一波营销正在持续升级。

就在《魔兽》大电影上映之后，微信、微博 KOL 或实时报道电影台前幕后、或做一手影评、或推电影相关视频，通过这些方式层层推波助

澜，激发更多潜在观众的好奇心，让一些原本对该电影不感兴趣的观众掏钱进入电影院一睹该电影的风采。

《魔兽》大电影由于其粉丝基础，一经上映就时常出现报道。有报道称：观影时，粉丝自发准备游戏中经典的装备和造型，cosplay 成为游戏中的角色进行一次独特的观影；也有的电影院内出现一大批年过三十的"大叔"在影院中大喊"为了部落""为了联盟"……这些媒体报道为电影营销推波助澜，使观影人群流量达到一个新的高峰。

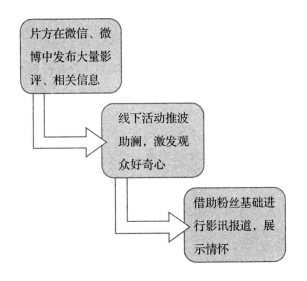

这一系列的营销获得了可观的效果。数据显示，《魔兽》首映当天便出票 755 万张，平均每秒钟出票高达 87 张，创造了游戏电影改编的历史。《魔兽》大电影上映仅仅五天的时间内，票房已经突破 10 亿元。

通过《魔兽》大电影的营销方式，则可能看出其传播的节奏趋势：从预热到引爆，再到活动结束，不同的传播阶段有不同的侧重点，并根据各阶段进行有差别的营销，最终完成整个营销。

而软文作为营销方式之一并不是独立存在的，根据不同阶段的需求策划不同的软文，选择不同的渠道，将软文营销穿插其中，起到推波助澜的

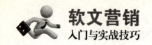

效果，这才是一场成功的软文营销应该有的姿态。

4.6 甲方常见软文知识误区

一向以"犀利、毒舌"风格见长的微信公众大号咪蒙，在 2016 年 3 月 24 日推出了一篇叫做《生活不止有诗与远方，还有××甲方》的文章。文章贯彻了咪蒙一贯的犀利口吻，讲述了一个甲方要求临时加广告的"无知"事件。

咪蒙在文章中表示，已向甲方解释说明，平台对品牌方有评估，公众号目前无法接受临时广告，并且平台受限制无法接受理财广告，提出甲方"可以不懂别人的专业，但至少要尊重对方的专业"。

结果甲方却无理地咆哮："你知道我们公司有多有钱吗？你居然还挑三拣四了！评估个屁，不就是想多要点钱，我给你加钱。写篇文章不就 30 分钟的事吗。你们不就是写公号的吗，真把自己当回事了！再说了，也没觉得你们数据有多好，我之前投的其他公号，每条也有五六万阅读量的，你们不就 10 万吗，没差多少！"

这一顿咆哮显示了该品牌方对软文投放渠道的无知。

其实不仅仅只是咪蒙公众号提出的这一位甲方这样无知，当下有很多企业主、品牌主也就是甲方，对于软文营销有着深深的误解。那么一场软文营销当中，又有哪些常见的软文知识误区呢？

甲方对软文渠道选择不了解 → 甲方对推广渠道的数据规则不了解 → 甲方缺乏系统的投放方案 → 甲方缺乏对专业的尊重

4.6.1 甲方对软文渠道选择不了解

不同的软文需要选择不同的投放渠道，咪蒙这类微信公众号属于生活类微信平台，如果需要投放理财类的软文，那么该平台自然不是最好的推广渠道。同理，"深夜发媸"是时尚、美妆类的公众号平台，美食类软文也不能够在此平台中投放。

如此简单的道理为什么这家品牌主会进入这个误区呢？在这里，就涉及到"流量"和"转化率"的问题。咪蒙是 90 后们所喜爱的微信公众号大号，流量非常大，相比较其他平台，投放一篇软文可以获得很高的阅读量。那么能够在该平台上投放一篇软文，可以收获的转化量极高，收获的潜在用户更多。因此，品牌主都挤破头想要在这些知名度高的平台上投放自己的广告，却忽视了平台是否合适的问题。

流量不等于转化率 ➤ 在平台中投放的一篇软文能够获得极高的流量，意味着能够收获更多潜在客户，但若忽略平台是否合适这一问题，将导致转化率无法提升

一旦软文推广传播渠道选择不合适，那么所获得的高流量是否能够有效地转化为销售呢？未必。正如咪蒙的粉丝中，对理财感兴趣的比例不一定很高。对该产品没有需求的流量，可能只看到一篇文章中的犀利的吐槽，但对理财营销的产品视而不见。

甲方在进行软文推广渠道选择的时候，一定要对投放平台性质、受众做充分的了解，不能够因为其平台的粉丝多就"急病乱投医"，而是应该

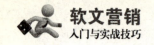

针对自己的产品，对平台转化率进行评估，判定该平台是否适合投放与产品推广相关的软文。

4.6.2　甲方对推广渠道的数据规则不了解

微信的阅读量是观察微信平台流量的依据，但受制于微信的设置，超过 10 万之后的阅读量以 10 万 + 的形式展示，读者通过微信前台无法查看准确的阅读量。导致很多不了解微信公众号平台的甲方片面地认为阅读量差异不大，导致对软文传播结果不满，与策划团队发生冲突。

其实，微信公众号、门户网站等平台中阅读量显示不全的这一弊端，可以通过文章的点赞量、评论量进行初步预测。通过某科学数据网站的大数据分析建模得出的结果，一片软文的阅读量与点赞量、评论量之间的比率是 1000 : 1.5 左右。简单来说，在 1000 个阅读此文章的人当中，有 1.5 个人会对文章进行电子的行为，也就是点赞、评论或者转发。

但是各种不同的特定平台所采用的数据都不相同，想要精准地进行分析还需要特定的研究，在渠道筛选时还要考虑乙方所提供的准确数据。

需要注意的是，正常情况下，一个微信平台的阅读量会出现高低起伏，不同的文章其阅读量也不同。如果出现连续一个月的阅读量都稳定不变的情况，便需要对这样的账号进行考察，其阅读量可能出现虚假的情况。

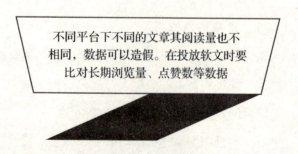

不同平台下不同的文章其阅读量也不相同，数据可以造假。在投放软文时要比对长期浏览量、点赞数等数据

点赞量、评论量、转发量也是如此，试想一篇软文如果阅读量尚且不

突出，点赞量却异常地高，那么，极有可能是虚假数据。

通常来说，阅读量和点赞量都需要长期的数据观察，不能根据一两篇文章的数据下结论。一些不了解软文营销平台数据规律的甲方，会陷入常见的知识误区，这样既不利于甲乙双方和谐沟通，又有可能造成不必要的矛盾。

4.6.3 甲方缺乏系统的投放方案

同样以咪蒙碰到的这位甲方为例，在这个软文营销案例当中，这个品牌主犯了软文营销的致命错误——缺乏软文营销的规划，片面地认为在软文中投放广告是一个十分轻松的过程。其实不然，软文投放是一个需要系统性策划的工程，每一个环节都需要策划人员精心筹备。软文策划之前，首先要对产品进行评估，其次才决定是否能够接下这个广告，或是确定应用怎样的方式将产品广告完美地植入到软文当中。

如同前面提到的，需要确定好软文的受众、软文的投放方式、软文的投放组合、软文的投放渠道等等，循序渐进地进行推广。如果不做好规划就将一篇软文全网投放，就会造成营销费用的浪费，同样无法提升流量转化率。

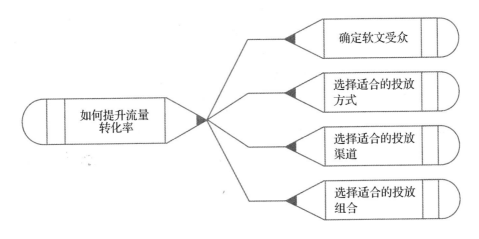

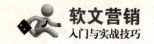
在软文营销当中没有固定的模板，更没有一个方案能适合所有企业和产品，这就需要品牌商根据自身企业的情况提前制作投放方案，并且根据实际情况执行，对软文营销活动进行效果评估，不断修正软文内容和投放方案。

只有拥有系统的投放方案，才能够使一次软文营销传播更加"对症"，才能够使转化率更加清晰。

4.6.4 甲方缺乏对专业的尊重

无论在什么情况下，尊重都是必不可少的。很多甲方最常陷入的误区则是不懂得尊重专业。

以软文撰写来说，软文写手通常是自由职业者或者就职于职业软文推广广告公司。在很多大型企业当中，文案策划的发展很容易遇到瓶颈，尤其是在中国的网络大环境下。大多数企业"单纯"地认为软文撰写是一项简单的工作，似乎是个人就可以完成，并且无需支付很多财力。

但如咪蒙这样的乙方却通过软文写手将文字的魅力发挥到极致，使得每支广告的投放收益甚至可以达到千万元。正所谓"术业有专攻"，真正的软文写手深谙文字通达消费者心理的道路，往往可以化腐朽为神奇，将产品的特点通过文字转化成力量，为企业带来更高的利润，自然而然收到的报酬水涨船高。

所以，甲方要做的不仅仅是对营销渠道的筛选和对营销结果的把控，还需要尊重乙方的渠道限制和禁忌，而不是没有底线地提要求。

当然，并不是每家企业都必须设立文案、营销等职位，但不设立这些职位并不代表这个职位不重要，而是应该尊重职业的专业性，把专业的事情交给专业的广告公司、公关公司或软文写手去做。只有相互尊重，才能够实现双赢。做到换位思考，顾及彼此的感受与要求，才能使软文推广效果更好。

第五章

软广和硬广组合营销攻略

一篇软文的力量是有限的，在软文推广的过程中，结合硬广的方式能够将推广的效果最大化。组合式营销是产品或品牌营销中最常用的方式，软硬结合的营销手段更能够留住消费者。

5.1 硬广推广

5.1.1 硬广的优势

在广告学理论上，硬软广告没有明确的定义，也没有明确的范围划分，更确切点说，是广告界中所谓的行话。

硬广大家相对都比较的熟悉，我们在报刊、杂志、电视、广播四大媒体上看到和听到的那些宣传产品的纯广告就是硬广。

硬广的内容明确，就是宣传产品或品牌，可以使观众一目了然。并且，硬广的宣传力度较大，覆盖面更广，受众群体也会更大。

硬广在推广上具有以下几种优势。

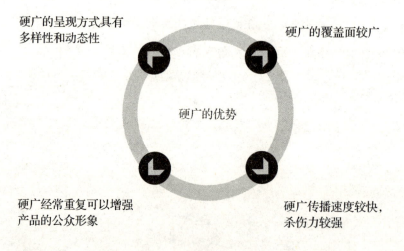

首先，硬广的覆盖面较广。

硬广的主要目的就是吸引流量，因此需要在流量入口做推广。硬广的投放方式也十分多样化。比如用户量极大的网站、电视频道、综艺节目、广播频道、地铁广告、楼宇广告等等。

硬广的覆盖面极广，能够涉及的领域很多，可以使更多的用户看到并且获悉广告以及产品的内容。

其次，硬广传播速度较快，杀伤力较强。

硬广的投放频率十分高，通常是大流量的渠道推广，因此，硬广的传播速度相当高。这样高的传播频率可以使广告信息快速传递到受众群体当中，对于树立品牌很有帮助。

如此一来，更加能够促进所推广的产品的关注度，使得产品的知名度在短期之内急剧升高。

再次，硬广经常重复可以增强产品的公众印象。

硬广在短时间内的重复发布频率相当高，以楼宇视频广告为例，有研究数据统计表明，消费者在一次乘坐电梯的过程中，一共能够接收到3至4次广告。

在心理学中，人脑具有"巴普洛夫效应"，证明行为是因为受到环境的刺激，将刺激的讯号传到神经和大脑，神经和大脑作出反应而来的。硬广则是运用这样的方式，通过多次循环的方式，将广告植入到受众的记忆当中。

如果消费者对于某个商品有记忆，即使只是多次看过广告，那么在选择产品的过程当中，会因为对该品牌有熟悉感，进而减少对产品的怀疑和对比。在同等功效和产品价格相差不大的情况下，消费者购买看过广告的品牌可能性更大。

最后，硬广的呈现方式具有多样性和动态性。

在日常生活当中，我们每时每刻都感到自己被广告所包围着。无论是从电视上还是在地铁中，无论是在楼宇的大荧幕上还是在网站弹窗上，无论是在沿路的广告牌上还是在滚动的幕布上，各式各样的广告都向我们呈现着不一样的诉求。

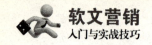

与软文多以文字形式呈现的方式不同，硬广的呈现方式更加多样化，比如视频、图片、目前流行的 H5 动态海报形式等。多样化的呈现形式能够为创意的实现提供基础，让广告变得更加丰富多彩，不再枯燥无趣。

同时，丰富的硬广形式，能够以差异化的声音、色彩或者动态画面吸引消费者的关注。

5.1.2 硬广的劣势

每一种广告形式都有其利弊，硬广在具有众多优势的同时，也存在着不容忽视的劣势，不乏一些设计不够精巧的硬广甚至成为拖垮产品的案例。

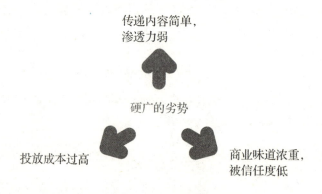

首先，硬广的传递内容简单，渗透力弱。

要知道，硬广具有"15 秒"广告特性，在短短的几十秒时间当中，并不能够做到对产品展开详细的阐述，也不能够完全阐明产品或者服务的特点。这就导致，硬广大量投放之后，很难快速打动消费者的内心，很难激起消费者的购买欲。硬广在渗透力方面，与软文集情感、价值于一身的特点相比较，显得尤为弱势。

其次，硬广的商业味道浓重，被信任度低。

硬广其本身即是内容，不存在过多的包装和目的遮掩，因此，导致商业味道较浓。在市场中流传的各种硬广，大都是以赤裸裸的说教形式呈现在消费者的面前，无时无刻不在传递"快来买"的消费理念。这样就有可能激起消费者对于广告的严重抵触心理，对于广告中所宣传的内容产生质疑。这也是硬广很难取信于大众的原因。

最后，硬广的投放成本过高。

硬广固然有覆盖面极广、传播速度快等优势，但是硬广的这些优势，都离不开在宣传中投入的大量成本。要知道，流量与广告价格通常成正比。比如，安慕希酸奶以高达 5 亿元人民币的费用冠名综艺节目《奔跑吧兄弟》，六个核桃以高达 2.5 亿元人民币的费用冠名《最强大脑》这个节目。

通过电视节目的形式，能够快速吸引大量的消费者，相对应的则是高成本的投入。况且时常会出现高投入却收效甚微的情况。

5.2 软广推广

5.2.1 软广的优势

在媒体刊登或广播的那些看起来像新闻而又不是新闻，是广告又不似广告的有偿形象稿件，以及企业各种类型的活动赞助被业界称为"软广"。软文广告顾名思义，它是相对于硬性广告而言，由企业的市场策划人员或广告公司的文案人员来负责撰写的"文字广告"。

与硬广相比，软广之所以叫做软广，精妙之处就在于一个"软"字，一眼看过去很多人不觉着这是广告，达到一种春风化雨、润物无声的宣传效果。在现在这个媒体泛滥的时代，消费者对广告，甚至新闻，都具有极

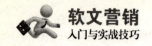

强的免疫能力，而这种植入在一些煽情、感人、励志的文章中，使得读者产生代入感，有了共鸣，就像网友说的走心了的广告形式，更容易打动用户。

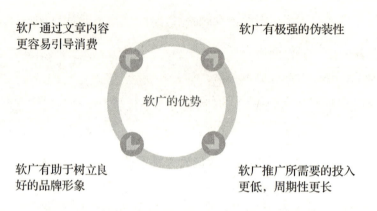

与硬广相比，软广投入更低，周期性更长。在传播速度超级快的网络时代，一篇好的文章会产生病毒式的传播效果，很多好的文章现在依然在传播。而且软广比硬广价格低，很多时候在软广上几百元的投入比上万元的硬广投入效果要好。

软广通过文章内容更容易引导消费。经常在网上看到一些关于某产品的使用心得，其实很多时候读者在看文章的同时，已经进入了某些策划高手设计好的圈套当中。策划高手在文章中会让用户记住这个产品，进而影响用户去购买。在茶余饭后大家会跟朋友聊聊今天看了什么，某个产品大家都说挺好的，特别是女性朋友的闺蜜圈。这样就会达到一种无形的口碑营销。

软广有助于树立良好的品牌形象。软广可以通过品牌故事、品牌解读、产品利益点、企业文化、社会公益等方式进行推广。软广与硬广直接阐述产品的功能模式不同，软文作为一种更加容易被接受的推广形式，更容易传播产品的文化层面，获得消费者认同。

软广有极强的伪装性。现在很多企业的营销手段都更多地倾向于为品牌推出一个"代言人",用这个"代言人"有影响力和号召力的软文,巧妙地将广告发布出去,使读者看到。

5.2.2　原生广告

原生广告是指一种通过在信息流里发布具有相关性的内容产生价值,提升用户体验的特定商业模式。原生广告通过"和谐"的内容呈现品牌信息,不破坏用户的体验,为用户提供有价值的信息。

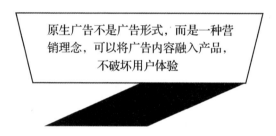

原生广告不是广告形式,而是一种营销理念,可以将广告内容融入产品,不破坏用户体验

原生广告这个概念最先由投资人 Fred Wilson 提出。他指出,原生广告不是一种广告形式,而是一种营销理念,这个理念的诞生基于媒体营销模式的创新。或许有很多人对于原生广告的概念十分模糊,那么按照投资人 Fred Wilson 的话对这个概念进行描述,理解起来会更简单:"原生广告是一种从网站和 APP 用户体验出发的盈利模式,由广告内容所驱动,并整合网站和 APP 本身的可视化设计,完美融合网站与 APP 本身,使广告自然地成为网站或是 APP 应用界面中的一部分。"

原生广告的概念应用并不陌生,如 Google 建立的搜索广告、Facebook 提供的 Sponsored Stories、Instagram 推送的图片商品、Twitter 插入的 tweet 式广告,或是微博中常见的广告分享,这些形式都属于原生广告的范畴。简言之,原生广告是"设计特制的一种媒介形式,让广告成为

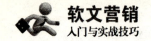

内容的一部分"。

原生广告的目的，就是要解决广告与内容对立的现象，希望广告能在用户正常的内容消费中和谐地存在。如果这样的产品能够发展起来，那么将不存在广告与内容争抢版面并严重损害用户体验的问题。

既然原生广告的广告主题就是内容，从某种程度上来说等同于我们常说的"软广"。

5.2.3　植入式广告

植入式广告又称植入式营销，也普遍被称为产品植入。系指刻意将营销事物以巧妙的手法植入既存媒体，以期藉由既存媒体的曝光率来达成广告效果。行销事物和既存媒体不一定相关，一般阅听者也不一定能察觉其为一种行销手段。

> 植入式广告又称为植入式营销，与传统广告形式相比，植入式广告能够隐蔽地向消费者宣传商品

植入式广告是指将产品或品牌及其代表性的视觉符号甚至服务策略性地融入电影、电视剧等电视节目内容中，通过场景的再现让观众对其产品及其品牌留下印象，继而达到营销目的。植入式广告不仅在电影、电视中出现，还被运用于报纸、杂志、广播、网络之中。因为它是被植入到节目中，具有隐蔽性，观众难以察觉，所以被戏称为"不像广告的广告"。

在以往的生活中，广告给消费者的印象往往是生硬的、夸张的、半真半假的。消费者其实已经是在媒体的包围之中具有超强免疫力的敏感

群体，他们的心灵对于"广告"已经加上强烈的过滤网。在广告的轰炸下，显示出愈来愈明显的离心倾向和逆反心理，充满对广告的不信任感，对各种营销信息表现得越发麻木和冷漠。一旦他们感觉这是"广告"，就会条件反射性地把心灵之门关闭，把很多信息习惯性地挡在无情的大门之外。

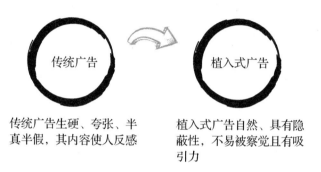

传统广告生硬、夸张、半真半假，其内容使人反感

植入式广告自然、具有隐蔽性，不易被察觉且有吸引力

比如说，当你在家看电视，广告一出现，你是不是通常马上能够辨认出现在播的是广告？而一经判定现在是广告时间了，你是不是就会去转台、上厕所、开冰箱，或者利用这个时间去干些其他的事情？

植入式广告最大的特点就是它构成了其所依附的符号体系的一部分。当产品或品牌在情节中悄然进入的时候，精心编码的广告信息所能产生的刺激较低，受众在没有戒备心理的状况下精神高度集中地欣赏影片，不会因为它是一个广告而突然"急刹车"，将注意力放松下来。

相对于传统广告，植入式广告以一种更隐蔽的手法向消费者宣传产品，它不会打断节目的正常运转，并且将广告重新编码植入到节目中，因此它的宣传效果要优于传统广告。但植入不当，甚至滥用不仅达不到宣传效果，而且会使消费者产生反感。

所有的营销都应当软硬结合，二者需要随着产品和品牌的不同营销阶段、不同营销力度进行协调配合。

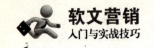

5.3 软文写作中植入广告

植入性广告，也就是将广告内容很隐蔽地和影视剧的剧情紧密结合，让观众在欣赏节目的同时，也能自然而然地接受广告信息。软文写作与植入性广告有异曲同工，硬邦邦的文字广告早已无法吸引人的眼球，软文其实就像影视剧植入广告那样，只是在文中略有提及一些产品或者品牌信息，更多的是向读者传递产品或服务以外的有用信息。

时下，软文营销的手段已经被众多商家认可并大量使用，尤其是那些大品牌和大公司，更是凭借自己广泛的媒体优势，在宣传产品的同时也在不断提升企业的美誉度。如果说硬广带来的转化率是通过产品的硬性功能，那么软广带来的转化率则是对产品的好感、信赖以及心理依赖。

软文写作中植入广告

在软文的创作中植入广告信息，不仅能够将产品信息隐藏在文章当中，同样还能够提升转化率，增强用户的信任度与好感程度

据统计，现在网络上超过 60% 的资讯信息其实都是软文。当前甚至可以说大部分的产品或者服务都是建立在优质的软文前期攻势基础之上的。软文应用尽管如此大范围，但是软文的写作却不是人尽可为的小事。因为原创写作在所有写作种类中本来就是非常考验能力的，而软文的"软度"又实在不好把握。

如何将所要推广的产品或者服务，无形地融入文章中，让读者不反感，并很愉快地接受文中所传递的信息，是个现实的难题。并不是能写文章就一定会写软文，同时，甚至也不是会写软文就一定可以写出好的软文。

软文，顾名思义，写作首先要体现"软"的一面，若是连读者的兴趣都无法引起，更何谈有效地传递产品和服务信息呢？

5.4 软广和硬广结合使用

2015 年 10 月在北京鸟巢举行的《中国好声音》总决赛，在比赛接近尾声时，主持人华少念出台本上的广告内容："优信二手车为好声音量身定制的音乐大片！"这部音乐大片经过 93 次竞价，广告费达 3000 万元，一共时长 60 秒，平均每秒钟投资 50 万元人民币。

这部音乐大片反复循环着"上上上，上优信二手车，上上上……"这部由强大的明星阵容与极高的民众关注度组成的巅峰 60 秒，一经播出就赢得了火爆的反响，有人称"这部广告片可以用来严刑逼供了"。

这样的广告形式，不仅使节目的收视率大幅提升，而且还引爆了节目的话题热度，其中最为重要的一点便是优信二手车的 APP 访问量和下载量得到了极大的提升，甚至出现了因为访问量过于庞大而使得优信二手车网站服务器崩溃的现象。

优信二手车的这次广告营销就是一个非常优秀的案例。广告实现了软广和硬广的结合，首先制作"魔性"的软文营销内容，然后选取优质的广告投放平台，以新颖、独特的宣传形式，最后得到极高的转化率。

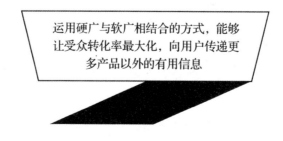

运用硬广与软广相结合的方式，能够让受众转化率最大化，向用户传递更多产品以外的有用信息

　　软广与硬广结合使用的案例还有很多。2016年6月16日，上海迪士尼乐园在一个多月的试营业预热结束之后，终于火爆开业。很多游客从全国各地赶来，只为一睹迪士尼乐园的风采。

　　阿里巴巴旗下的阿里旅游借机打出了一则"不一样"的广告——"没图！看字！极光专线多梦幻，扫码看极光！"

　　这则广告十分任性，没有精美的设计图片，没有对娱乐场景的说明，被网友称为毫无设计感，甚至有犀利的网友点评其创意水平和在校实习生没有差别。

　　但就是这样一条被众人"吐槽"的任性纯文字广告，在迪士尼开幕后，凭借超高的热度与关注度推广了阿里旅游的二维码，让阿里旅游彻底火了一把，赢了个满盆博彩。其成功之处就在于软广与硬广的结合。

　　阿里旅行用这条任性的广告拉近了与用户之间的距离，软硬皆施，不仅仅是一场引流活动，更像是阿里旅行作为朋友在和你沟通。这场集软广与硬广于一身的营销，拥有极强的杀伤力，俘虏了一大批任性的"宝宝"。

　　经过阿里巴巴的这次成功软硬结合的广告投放之后，纯文字形式的广告彻底流行开来。其中最令人瞩目的便是凯迪拉克汽车为品牌制作的"急速"文字广告。该广告内容十分简单粗暴，符合当下年轻人中的流行元素，这条时长15秒的广告只突出一个字，那就是"快"。结合节奏动感极强的配乐，屏幕上循环充斥着"快！还快！更快！非常快！"的字样，穿插着一闪而过的靓车剪影，让人们的视线立刻被吸引，短短的15秒目不暇接，受到巨大的冲击。简洁不啰嗦的广告内容迅速就会给人留下深刻的印象，使人过目不忘。

　　这条广告除了在电视、网络平台上流动播放以外，凯迪拉克汽车公司还将这则捉人眼球的广告投放进各大电影院线，在电影开场前滚动播放，借助电影大荧幕带来的视听冲击，吸引了更多潜在的用户。

当然，有了创意十足的软文内容，没有良好的平台进行硬性推广也无济于事。可以看到，这几个典型的软文营销成功案例都离不开硬广的大力支持。软广和硬广的结合使用是营销推广的必然选择。

综合上文中分析的软广与硬广的特点，可以发现这两种传播形式的互补性极强。

软广与硬广结合

软广和硬广之间结合使用，是营销推广的必然选择，二者之间的互补性极强，任何软文推广都离不开硬广的大力支持

软广的营销费用要比硬广低得多，因此一些资金不那么雄厚的企业可以通过软文营销的手段迅速推广自身的品牌。不仅如此，软广为用户带来的品牌信任度和忠诚度也是硬广所无法取代的，可以说软广是品牌文化的极佳展示渠道。

所有营销都应该软硬结合。软广是一个需要长时间积累的过程，无法在短时间内快速获得品牌的关注度和知名度，不过这却是硬广的长处。由此可见，软广与硬广二者之间要随着产品和品牌的不同营销阶段、不同营销力度进行协调，实现二者的结合使用才可以使企业形象与品牌印象深入人心。

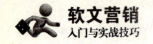

5.5 整合营销传播

整合营销传播是近年来的营销趋势，随着各个市场被逐渐开发并且趋于饱和，大众市场已经被分割成了多个小市场，批量化产品被定制化产品所取代。"从消费者出发"而不是"从产品出发"的营销传播方式成为必然。

基于消费者的营销传播就是整合传播，其方式是将所有的传播方式和传播信息作为一场营销活动看待，从统一口径出发，形成统一的品牌形象。

软广、硬广在这样的整合传播之下，才能够实现真正的双管齐下。

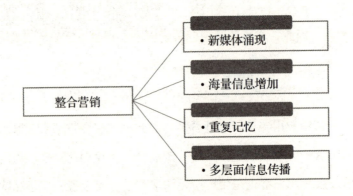

5.5.1 新媒体涌现

从纸媒介到电视媒介，再到网络媒体的盛行，新媒体形式大量地涌现。新媒体的涌现使得用户获得信息的渠道无限细分，用户不再集中于单一的平台，而是变得更加分散，这就大大地增加了营销成本。

以运动产品为例，运动人群获取信息的方式不再仅局限于口口相传、运动报纸、杂志、节目，或是体育运动类型的网站、体育运动社群都是信息的入口和出口，同样也是运动品牌营销的第一阵地。

在这种情况下，品牌方为了接近潜在用户，需要创建不同的宣传渠道矩阵，分析不同媒体的用户特点和用户重合度，以此为基础进行有效的媒介组合，以最小的成本获得最好的宣传效果。

不同的媒体平台都有不同的特点，单一的宣传方式无法适应全部的媒体，软广与硬广相结合也就势在必行了。

5.5.2 海量信息增加

随着互联网开启大数据时代，海量的信息使得信息凸显变得异常困难，快速找到有效信息变得困难，信息热度持续时间大幅缩短，单一的信息随时随地都有可能面临着被覆盖的风险。

高频次、大面积、有时效的信息覆盖是为了防止被其他无用信息覆盖的关键所在。因此，借势营销把握关键时间点很重要。如果投资力度无法达到持续曝光，那么掌握恰当的时间进行推广就至关重要了。

一般来说，营销时间可以分为以下几个阶段：抢跑期、热点期、白银期、废铜期、烂铁期。

抢跑期——热点发生12小时内

热点期——热点后1小时内

白银期——热点后6小时内

废铜期——热点后6至12小时内

烂铁期——热点后12至24小时内

高频次、大面积的信息爆发可以达到震撼人心的效果，集约式的信息爆炸往往能够引发轰动效应，不仅能够博取用户的眼球，而且能够增

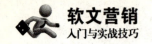
加品牌的曝光率。用户在短时间内反复观看同一个品牌或信息，有利于给其留下深刻的印象，对于品牌、企业构建良好的用户信息度有极好的作用。

软广与硬广相结合的手段，能够大幅度地延长信息的曝光度，增加用户好感，提升信息扩散的范围。

5.5.3 重复记忆

营销达人史玉柱所策划的"脑白金"系列广告，凭借经典的洗脑式广告语，几十年为人津津乐道，被称为"最成功的广告词"，逢年过节期间便进行多渠道的轮番播放，总会有一条渠道可以抵达消费者，并且留下深刻的印象。

经过多次的宣传，消费者会不由自主地记住朗朗上口的广告歌，与此同时也会不自觉地记住该品牌。在购买此类商品时，脑海中便会响起熟悉的广告歌，自然而然地会倾向于购买有熟识度的品牌。

5.5.4 多层面信息传播

产品的宣传角度往往是多层面的，一款产品的用户需求也是多方面的，单一的信息传播绝不可行。

一个企业想要建立系统化、立体式、整合推广体系，除了要有大量的资金投入以外，还需要从不同层面进行信息传播，不同层面需要不同的内容，当然也需要匹配不同的宣传方式。

总体来说，营销模式一般包括以下几个方面。

广告式营销，是以付费或者免费的形式进行信息的推广。比如在印刷品、户外广告牌、网络平台、电视、广播等媒介进行品牌展示或是产品推广等。

促销式营销，是以降价、限时抢购、返利、打折、附赠等让利形式，激励消费者购买或是使用某一产品，起到宣传的作用。

互动式营销，指的是企业与消费者双方之间形成互动。在互动营销中，只有抓住共同利益点，找到巧妙的沟通时机和方法才能将双方紧密地结合起来。互动式营销尤其强调双方都采取一种共同的行为，是通过用户主动参与的方式进行营销。

口碑式营销，指的是企业在调查市场需求的情况下，为消费者提供他们所需要的产品和服务，同时制定一定的口碑推广计划，让消费者自动传播公司的产品和服务的良好评价，让人们通过口碑了解产品、树立品牌，最终达到企业销售产品和提供服务的目的。这种营销方式多用于个人与个人之间的传播，比如价格较贵、用户购买时较为谨慎的产品。

事件营销，是指借用社会热点事件或是企业、品牌策划相关事件，吸引用户关注品牌、体验品牌产品并且购买产品的营销方式。

第六章

软文写作之事件营销

品牌之间的竞争本质上是注意力的争夺、话语权的抢掠以及心智的占领。事件营销巧借热门事件掀起的东风借势而为，吸引消费者的注意力、抢占话语权，以获得更多消费者的认同与依赖。

6.1 什么是事件营销

春节抢票究竟有多难？相信经历过春运的小伙伴们绝对不陌生，每年的节假日，春运大军返乡的过程都是一场"战役"，常常会有一票难求的情况。

在这个势头中，猎豹浏览器借着抢票这件事彻底地火爆了。猎豹浏览器推出了抢票专版，喊着"高速稳定抢车票"的口号，借着 12306 这个"慢"网站的对比，在春运前夕火了一把。后来中国铁道部约谈猎豹浏览器高层的新闻更是一石激起千层浪，这也使得猎豹的市场占有率直线上涨。

一票难求的现状，以及广大用户在春节期间集中爆发的网上购票需求大背景，给一些浏览器厂家制造了千载难逢的"事件营销"的机会。猎豹浏览器成功利用"买票难"这一契机，用事件营销成功突围。

随后，猎豹以及其他软件频繁地传出被约谈、被叫停的新闻，在央视的新闻节目中，猎豹也高调地出现。猎豹借着这些热点事件，进行二次宣传包装，让人们彻底地记住了这个高速、稳定的浏览器。

猎豹的此次营销无疑是一次十分成功的案例，同时也是一次相当成功的事件营销案例。那么，什么是事件营销呢？

事件营销是企业通过策划、组织和利用具有新闻价值、社会影响以及名人效应的人物或事件，吸引媒体、社会团体和消费者的兴趣与关注，以树立良好的品牌形象，并最终促成产品或服务销售目的。

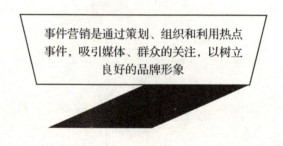

事件营销是通过策划、组织和利用热点事件，吸引媒体、群众的关注，以树立良好的品牌形象

简单来说，事件营销就是通过把握新闻的规律，制造具有新闻价值的事件，并通过具体的操作，让这一新闻事件得以传播，从而达到广告的效果。事件营销是近年来国内外十分流行的一种公关传播与市场推广手段，集新闻效应、广告效应、公共关系、形象传播、客户关系于一体，并为新产品推介、品牌展示创造机会，建立品牌识别和品牌定位，形成一种快速提升品牌知名度与美誉度的营销手段。

6.1.1　事件营销特点

目的性。事件营销应该有明确的目的，这一点与广告的目的性是完全一致的。策划事件营销的第一步就是要确定自己的目的，然后明确通过何样的新闻可以达到自己的目的。通常某一领域的新闻只会有特定的媒体感兴趣，而这类媒体的读者群也是相对固定的。

低成本性。事件营销一般主要通过软文形式来表现，从而达到传播的目的，所以事件营销相对于平面媒体广告来说成本要低得多。事件营销最重要的特性是利用现有的非常完善的新闻媒介，来达到传播的目的。由于新闻都是免费发布的，在新闻的制作过程中也是没有利益倾向的，所以不需要太大的投资。

多样性。事件营销是国内外十分流行的一种公关传播与市场推广手段，它具有多样性的特性，可以集合新闻效应、广告效应、公共关系、形象传播、客户关系于一体来进行营销策划。多样性的事件营销已成为营销传播过程中的一把利器。

风险性。事件营销的风险来自于媒体的不可控和新闻接受者对新闻的理解程度。虽然企业的知名度扩大了，但如果一旦市民得知了事情的真相，很可能会对该公司产生一定的反感情绪，从而最终伤害到该品牌主的利益。

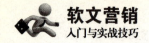

6.2　事件营销的类别

一般来说，事件营销分为三种类型：策划事件、原生事件和原生事件的二次传播事件。

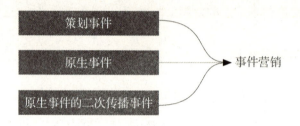

6.2.1　策划事件

策划事件又叫媒介事件，它不是指毫无根据地编造新闻，而是指有意识、有目的、有计划地根据新闻事件的特点，有效展开一些宣传组织形象的活动，以便引起新闻媒介的广泛报道，产生重大的社会影响。成功的媒介事件，一般都会比普通的新闻发布会产生更为强劲的宣传效果。

为了提高策划事件的成功率，在策划过程中要注意以下问题。

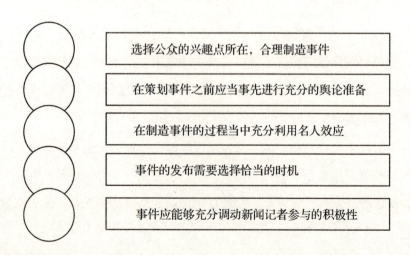

选择公众的兴趣点。公众的兴趣点，也就是媒体人常说的社会热门话题。策划媒介事件要与热门话题贴近，只有找准公众兴趣点才容易引起公众普遍的关注，才能达到良好的宣传效果。新奇性是新闻事件的最突出特点，只有策划事件的构思新颖、独特，这样的媒介事件才能引起记者的注意，在公众中产生强烈响应。尽管策划媒介事件的本质是公关人员将事件演给记者和公众看，但仍要演得真实、自然、生动，不能留下勉强、生硬的痕迹。

在设计策划事件之前，应当事先进行充分的舆论准备。媒介事件的持续时间一般都不很长，但为了使事件产生较为久远的影响，其关键就在于事先进行充分的舆论准备。进行策划事件时，可以通过各种新闻媒介，对事件的宗旨、形式、目的、意义作出说明。开展策划事件之前要对活动的主办单位进行必要介绍，使公众作出心理准备，并且能够产生期待感。

充分利用名人效应。策划事件要有意识地将某些权威人士或社会名流与新闻事件联系起来，尽量扩大媒介事件的公众影响力。如邀请名人参加，请名人题词、签字、合影等手段，都是提升公众关注度的方式。

选择恰当时机发布事件。策划事件的设计，可与国内外传统的节日或纪念日相结合，从而生产较大的影响。在选择发布时机时，要善于捕捉随机事件，也就是要善于"借势"，借某种社会性的热点活动来扩大策划事件的影响力。

充分调动新闻记者参与的积极性。策划事件，关键在于引起新闻界的报道，假如不能引起新闻界的兴趣，事件就彻底失败了。所以公关人员在策划事件时，要千方百计地吸引记者的参与，或与新闻单位共同主办，或请记者参与策划、导演媒介事件，这样记者们就会把该事件作为自己的事去报道。

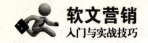

6.2.2　原生事件

原生事件是指品牌利用已有的热点事件进行营销传播，比如珠宝公司借助娱乐明星结婚、公布恋情的话题进行营销。

6.2.3　原生事件的二次传播事件

原生事件的二次传播事件是指，品牌主利用已有的社会热点事件，策划新的主题进行品牌的二次传播。比如在 2014 年红极一时的广告语"挖掘技术哪家强？山东青岛找蓝翔！"事件。该话题由王菲与谢霆锋破镜重圆的热点展开，利用"挖掘机"体可简单复制的特点，将这段话进行了二次传播，从而提高了人们对"蓝翔"这一品牌的认识，大大地提升了品牌的知名程度。

要知道，品牌竞争的本质是注意力的争夺、话语权的抢掠和心智的占领。事件营销或者制造热点，聚焦消费者的注意力；或是巧借热门事件掀起的东风顺势而为，吸引消费者的注意力、抢占话语权。

6.3　为什么事件营销屡被诟病

事件营销又被人们称之为炒作，如今通过事件营销一夜成名的例子实在是太多了。只要宣传方有钱、能够经得起舆论的压力，那么在互联网信息传递速度快速的今天，就有可能通过这样的营销方式来一夜成名。

一次成功的事件营销其最基本的特点是：必须要有争议性。一件事情越有争议性，传播得就越快、越广，所受的关注度也就越高。而其背后的策划团队更要能够很好地把控这种争议性，引导民众舆论的方向以期达到最好的宣传效果。通过事件营销这样的手段，可以让品牌企业、网站亦或是个人瞬间做到尽人皆知。或许这样的事件营销可以带来可观的收入，但其背后的硬伤却更值得我们深思。

事件营销在表现形式上主要通过软文进行创作，其成本主要在传播渠道方面，相对于平面媒体广告来说，事件营销是一种低成本、高回报的营销手段。事件营销看似是一种极好的营销方式，但又为何屡遭诟病？通常认为有以下三个原因：流量难以转化；将营销事件当成目的，品牌形象难以提升；原发事件的效果远低于预期。

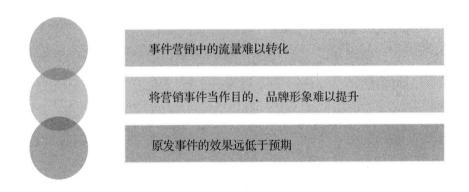

事件营销中的流量难以转化

将营销事件当作目的，品牌形象难以提升

原发事件的效果远低于预期

6.3.1　流量难以转化

现在网络上出现越来越多的事件营销，"快递小哥吴彦祖""外卖小哥×××"层出不穷。这些事件营销刚一出现确实火爆异常，但流量难以转化，留下的粉丝自然而然也就更少，因此，这些事件仅仅算是一个成功的事件营销前奏。

举一个形象的例子，一个土豪庄园的主人希望通过红酒拉动庄园的有

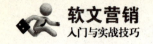

机蔬菜销售，便找来策划团队集体策划了一次事件营销。庄园主在庄园附近广发代金券，凡是得到代金券的人都有机会在偌大的庄园中逗游一番，并且免费领取高品质红酒。

庄园主本想利用人们到庄园游玩的时候，趁机销售有机蔬菜。结果，等到活动开始的那一天，拿着代金券的人蜂拥而至，而有机蔬菜却还没有成熟。

两个月之后，庄园内的有机蔬菜长好了，当时免费领取红酒的那些游客却早已忘记，庄园内还有有机蔬菜这一回事。

这就是典型的事件营销流量难以转化的案例，虽然庄园主做好了前奏，但后续工作没有跟上或是还没有做好，导致所要营销的事件难以发展下去，自然也就达不到推广的目的。

要知道，流量之后的转化和引入流量一样重要，但由于信息太过丰富，品牌商更多的则是关注"上头条"，而很少关注转化率。

6.3.2　将营销事件当成目的，品牌形象难以提升

除了营销事件的虎头蛇尾以外，事件营销被人诟病的另一个原因是企业主或者品牌主将事件营销当成最终目的，而不是一种宣传手段。他们只关注到营销，而忽视了最为关键的产品质量和服务。市面上很多事件营销内容低俗，甚至毫无根据可言，这就是很多策划团队为达到营销目的不择手段的后果。

仍旧以蓝翔技术学院的"挖掘机"广告词为例，在事件红极一时之际，蓝翔技术学院的丑闻不断爆出。如蓝翔技术学院在冰桶挑战风头上挑战清华、北大等一系列"博眼球"的事件；蓝翔技术学院的学生跨省打架斗殴；蓝翔技术学院校长持有三个身份证等。

虽然蓝翔技术学院靠着一系列事件营销提升了知名度，但品牌形象却

一落千丈，并没有得到提升，反而失去了大众的信任。

6.3.3 原发事件的效果远低于预期

想要了解原发事件，首先需要知道原发媒体的概念。原发媒体就是某篇新闻的首发媒体，而很多事件营销借着原发事件的热度进行事件策划。

社会热点时时出现，不少企业争相借助热点的东风，这些年杜蕾斯、海尔等企业在公共平台上依靠创意的宣传，借热点获得了很好的营销效果。大部分企业主都非常看重热点的借势营销，这也给软文写手增加了很大的工作量，写手们不得不时时关注热点，绞尽脑汁将热点与产品信息相挂钩，以达到企业主的营销目的。

从长期的营销效果来看，借热点营销并没有取得很好的营销效果，网络上很多围绕热点的软文阅读量远远低于预期，品牌知名度仍旧平平无奇。在很多企业看来，都会将责任归咎到软文写手能力不足上。

但是，原因真的仅仅只是软文写手能力不足吗？究其根源，营销效果不如预期大多数情况下是因为企业对于热点和软文不够重视所导致的。不排除企业主投入经费有限的问题。

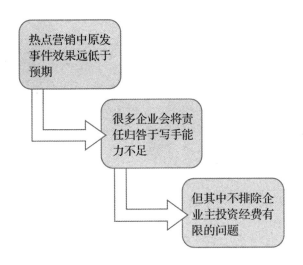

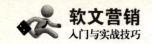

以杜蕾斯为例，其背后的营销公司有非常优秀的创作团队，具有专业的技能和知识素养，能够把握住每一次热点，专业完成借势营销的这一项工作。

所有投入力度有限的企业，都不要对热点关注度过高，与其将人力物力放在追求热点上，倒不如向公众号大号学习，吸取自媒体经验，做一个成功的追随者，待企业有足够的物力、人力支持之后，再转变角色。

事件营销对于企业来说只是一种手段，千万不要当成是一种目的。在品牌定位明确、企业发展规划清晰的情况之下，应将注意力从外部市场回归到自身品牌上，做好二者之间的平衡关系，根据企业的实际情况策划相应的事件。

毕竟，消费者的偏好承载着该品牌性格的产品，之后抓住消费者的好恶，才能够建立牢固的用户忠诚度，才能够真正实现将流量进行转化。

6.4 找准用户画像，精确定位人群

随着时代的不断发展，当互联网逐渐步入大数据时代之后，不可避免地给企业以及消费者带去了一系列的改变。似乎消费者的一切行为在网络面前都是"可视化"的。当大数据技术不断深入应用，怎样精准地利用大数据进行消费服务成为了各大企业的焦点。于是，"用户画像"概念也就应运而生了。软广作为一种营销手段，自然更加需要找准受众，只有精确定位受众群体，才能够更加有效地制作出热点高、传播广的软文。那么，找准用户画像就十分重要了。

6.4.1 什么是用户画像

某用户，女，28 岁，未婚，月收入 3000 元左右，爱美食，爱购物……

在你看到这一连串的描述时，脑海中是否也构建出这位女性的整体形象了呢？这样的描述，就可以称为用户画像的典型案例。

用户画像（Persona）又称为用户角色，是一种对目标用户勾画、联系很有效的工具。如果还是觉得晦涩难懂，那么用一句话对用户画像进行描述，那就是对用户信息标签化。

当企业、个人通过一些手段收集、分析用户的社会属性、消费行为等主要信息之后，可以快速找到精准用户群体以及用户需求等更加广泛的反馈信息。

作为大数据的根基，用户画像完美且抽象地构建出了一个用户的全部信息面貌。这样，不仅能够进一步地精准、高效分析用户的行为习惯、消费习惯等重要信息，并且对了解用户心理与需求都提供了足够的数据基础。这也是为什么说用户画像奠定了大数据时代的基石。

当我们在进行新媒体运营的时候是否真的需要分析用户画像？答案是肯定的。用户画像就是真实用户的虚拟代表，是建立在一系列真实数据之上的目标用户模型。只有当我们知道了如何对目标用户进行锁定，才能真正做到让运营内容有的放矢。

可以说找准用户，是做好新媒体运营的第一步。

6.4.2　如何构建用户画像

用户画像的建立看似十分复杂，但是其实焦点工作就是为你的目标用户打上一个"标签"，这种标签往往是人为规定的高度精炼化的特征表示，比如年龄，比如性别，再比如偏好。

就像关注"罗辑思维"的人大都是求知欲旺盛的人，关注"电影铺子"的人一定是观影发烧友，关注"咪蒙"的人某种程度上还是文艺小

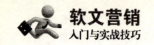
清新……将用户所有的标签综合起来来，就可以完整地勾勒出目标用户的立体"画像"了。

用户画像让这些标签形式呈现出语义化、短文本的特征，也使得它更加具备实际意义。标签本身并无实际的意义，但是加以处理，便为确定目标用户、提取有效标准化信息提供了便利。

那么，究竟怎么样才能构建出一套有效且准确的用户画像呢？

找准用户画像才能够"对症下药"，了解受众的好恶才能够真正有利于软文的营销，话题的热度以及流传度才会更加广泛。实践中一般分为三步，即基础数据收集、行为建模、构建画像。

1. 基础数据收集

当开始准备建立用户画像的时候，首先要确定被调查的用户类型，以确定内容设计方向和调研提纲。

调研的主要目的就是创建用户画像，所以在前期调研的过程中一定要尽可能地扩大调查范围，最大程度地寻找不同用户，通过对不同潜在目标用户的调查，做出一个条件列表或用户矩阵，并且根据条件进行特定用户的调查。

将收集到的用户数据源分为用户的静态信息数据与动态信息数据两大类。静态信息数据表示的是目标用户相对稳定的信息，这一类的信息自成标签，对于用户的这一部分真实信息无需过多地预测，更多的是需要对数据进行一个初步的筛选。动态信息数据表示的是用户不断变换的行为信息。这种数据往往是十分有用且值得分析研究的。比如，当你在进行事件营销的初期，分析到你的用户大部分都是 90 后年轻人，这部分人群浏览的多是特立独行或者批判式的内容，那么当你在设定软文内容的时候就要符合 90 后的思维特点，展示独特，张扬个性。

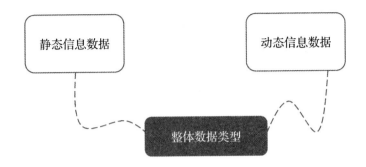

当在进行数据库采集的过程中要注意聚类。具体聚类所选用的算法应该根据所需要的数据类型匹配。

既然叫作数据采集分析，那么整个过程都应该是围绕着数据作为基准的，了解采集到的数据中都包含着哪些信息，如果能够把用户映射到某一个空间里那么就表示成向量。如果数据可以反映用户之间的相似度，那么就是基于层次聚类的算法。在进行"标签化"的过程中要注意一切都应该以数据本身为主，不要掺杂内容设计者的过多主观看法。

只有分析基础数据，才能够为构建完整的用户画像做足准备，软文一旦推出并能够精确投放进受众群体中，后续持久发力才有可能。

2. 行为建模

这个阶段其实就是对上一个阶段收集到的数据进行处理，进行行为建模，也就是将抽象出的用户标签运用模型进行表现。

这个阶段应该注重的是大概率事件，所以应该在采集到的数据中尽可能地排除偶然事件。这个阶段需要用到很多种模型来给目标用户贴标签。

当一个企业想要投放软文进行营销，在设定软文内容以及风格之前就要对目标用户贴尽可能多的标签。如用户的年龄，用户都关注哪些社交平台，用户关注的公众号有哪些，用户发言的活跃度，用户是否是文艺青年……

判断用户是否存在价值对于提高用户保留率十分有作用。不仅可以增

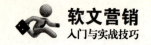

强已有粉丝的黏着性，同时还可以最大限度地挖掘潜在的目标用户，并且预判将来的用户群体特质。

3. 构建画像

初步构建用户画像可以说是行为建模的一种深入，在这个阶段就要将用户的基本属性，例如年龄、性别、地域、家庭收入状况、购买力、行为特征、兴趣爱好、社交特征等方面大致地进行规划与分类。

用户画像虽然可以容纳的信息很多，但是永远无法做到百分之百地描绘一个人，能做到的只能是尽可能地不断接近一个人的全貌。因此，用户画像不应该是固定的，而应该是动态的，是基于数据、根据数据的变化而不断修正的，同时，还要根据已知的数据来抽象出新的标签，使用户画像越来越立体丰满。

给用户打上"标签"是构建用户画像的重要环节。"标签化"一般采用的是多级标签，例如第一级标签是基本信息，第二级标签是消费习惯、用户行为，第三极标签是用户的社交网络等。

在各个标签级下又可以进行更加细致的分类。例如第一级标签下分类为人口属性的基本信息、地理位置等，第二级标签又可以将地理位置进行细化分类，地理位置又可以按照工作地址与居住地址分为第三类等。

6.5 "制造"事件：事件营销全过程

软文如何才能够实现创意？如何才能吸引更多的关注？这是策划者与投资者最关注的问题。前文中已经提到事件营销的高效性，同时，对于策划事件也有了一定的了解。

相信大家一定看过这个段子：

2000 年，当第一次公开恋情，王菲 31 岁，谢霆锋 20 岁，王菲的年龄是谢霆锋的 1.55 倍。转眼到了 2014 年，如今两人破镜重圆，王菲 45 岁，谢霆锋 34 岁，王菲的年龄是谢霆锋的 1.32 倍。

（1）求两人年龄倍数与公历年的时间序列收敛函数，收敛域以及收敛半径。

（2）这件事给张柏芝和李亚鹏留下了巨大的心理阴影，求阴影部分面积？

（3）如果用挖掘机填补阴影面积，那么，请问，挖掘机技术哪家强？

答案：山东蓝翔。

在这个段子爆红的几天里，各大社交平台上都有对这个段子转载，迅速将"挖掘技术哪家强"这条广告语推上了头条，与之伴随而来的就是"蓝翔"品牌的知名度攀升。这是蓝翔技术学院一次成功的"制造"事件营销手段，短短的一段文字就火爆全网。如果"蓝翔"在此时将公关工作完善，那么，将会吸引更多的眼球。

那么，"制造"事件软文营销过程是怎样的？

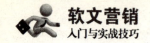

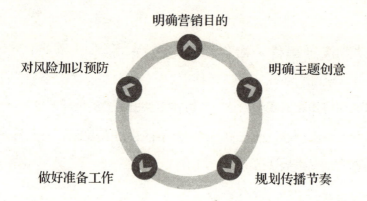

6.5.1 明确营销目的

对于不同的企业、品牌来说，每一次事件营销的目的都会有所不同，比如获得种子用户、危机公关等。在策划一起事件之前，一定要明确策划目的，这是策划和执行所遵从的方向。

对于以盈利为目的的企业来说，不建议为博得头条而不择手段。因为企业在消费者的心目当中需要有一定的社会责任感。如此，消费者才敢使用企业所推荐的产品和服务。

6.5.2 明确主题创意

运用"制造"事件进行软文营销的时候，应该注意以下几点。

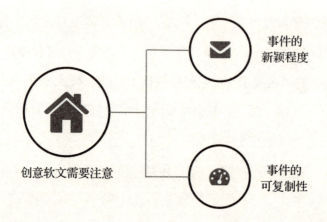

有创意的事件才能够引起受众的关注，可复制的创意才能够传播更远。

"挖掘技术哪家强"的广告语不仅朗朗上口，而且文案独具创意，将本来两个不相关的事物连接起来，并且做到毫无违和感。

为什么蓝翔的这条软文能够如此成功？读者只是将王菲和谢霆锋的情感问题当作娱乐信息看待。而"挖掘机"这个转折，代表了网友们普遍对于娱乐的另一种消费观念。

同时，这条软文创意的可复制性极强，几乎可以套入各种版本，这样一来，就给读者创造了一个万能的模板，不管是套在长篇故事上，还是套在简单的文字中，"挖掘技术哪家强"的结局都能够带来意料之外的转折。

可以说，这是一个人人皆可文案的时代，软文能够从繁杂的信息中脱颖而出，创意十分重要。

6.5.3 规划传播节奏

对于事件营销，最常出现的情况便是"雷声大雨点小"。对于消费者来说，从一场营销当中如果最终结果高于预期，则会对企业产生信任感，但一旦最终收获低于预期，则会对企业产生失望情绪。这时，"制造"事件软文营销手段当中，能够留住用户的关键一点就在于策划者要提前规划好事件的传播节奏。

市场中不乏一些营销事件都是以受众反感而收场，为什么很多软文可以持续爆红，而有一些却是过眼云烟，热度转瞬即逝？这就是策划者的节奏把控问题。

事件以及软文传播的次数和频率都要有所规划，其中应注意以下两点。

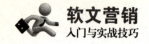

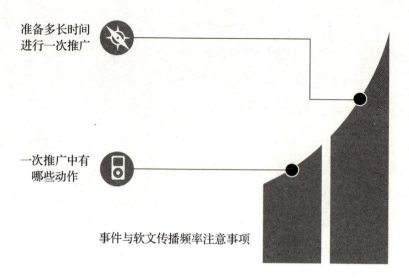

事件与软文传播频率注意事项

消费者是一个十分健忘的群体，很多热点、新闻都是过目即忘。因此，需要有节奏地进行传播，一定要带好节奏，以强化企业、品牌在用户心中的印象。

6.5.4 做好准备工作

从"蓝翔"品牌营销案例来看，吸引流量不是最终的目的，前期造势做好只是一个阶段，想要使软文宣传保持较长时效，除了需要有前期的流量之外，还需要做好中后期的准备，以便软文宣传持续发力。

在进行准备工作中需要注意以下两点。

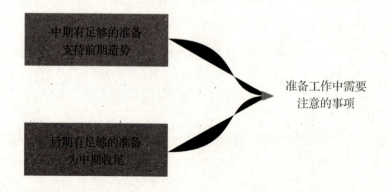

中期最好有足够强大的产品或者服务，以支持前期的造势。如同前面讲到的庄园主的情况一般，前期准备充足而中后期准备不充分，即使投入再大，成果也只会白费。再比如，黄太吉煎饼的前期造势非常成功，但其高价位的产品并不能够迎合消费者的口味预期，这样一来，前期的造势只是赚到一个名声。

企业、品牌在进行营销推广的过程当中，前期的造势和中期的产品、服务都完成了，后期的售后、物流等一系列服务也需要逐步跟上。每年的"双十一"都是一场购物狂欢节，最初，"双十一"的概念就是借助当代年轻人的生活现状引爆话题，引起了相当大的关注程度，最终逐渐发展成为中国目前最大的网上消费高峰期。

"双十一"的成功除了有良好的宣传策略以外，更重要的就是阿里巴巴团队的中后期持续发力。每年"双十一"，阿里团队都做好了通宵工作的准备，公司甚至会分配帐篷、颈枕和咖啡等。因为活动前期的造势很强，用户的预期效果也非常好，所以，一旦服务器崩溃或者用户没有得到及时的信息处理反馈，都会影响到消费者对于"双十一"活动的失望，还会影响到消费者对于阿里巴巴集团的信任程度。

"双十一"能够稳定发展，并且保持销售金额持续上升，这一切都与阿里巴巴团队中后期的努力脱不开关系。这个案例足以证明，想要保证营销的持续稳定收效，提前做好准备以及规划是十分重要的。

6.5.5　对风险加以预防

事件营销的风险来自于媒体的不可控性，以及软文阅读者对于文字的理解程度。"一千个人的心中有一千个哈姆雷特"，受众对于营销方式以及事件理解的角度都不尽相同。那么在软文营销中要做以下两点准备。

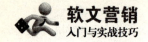

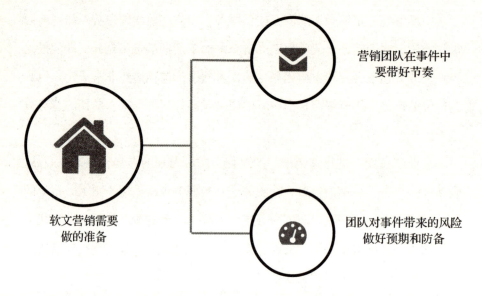

除了策划团队要带好节奏之外，对于事件营销可能会带来的风险也要做好提前的评估和备防。

例如上文中提到的"蓝翔"一案例，虽然前期造势提高了企业的知名度，但如果消费者一旦知道了事实的真相，很有可能反而对策划事件的公司产生强烈的抗拒与厌恶。一旦消费者对于企业产生反感情绪，最终受到损害的只会是公司的利益和声誉。

当今网络世界中，每一天都好像有天大的事情在发生，每一条热点事件之下都有无数网友发表个人看法，应该说网民对于网络上散播的信息真实度的思考并没有十分深入，对于进行事件策划的团队来说，这便是绝佳的机会。

不管事件是真是假，不管是原生事件还是策划的事件，这些都是十分有利的东风——营销源。将这些热点事件与自家的品牌进行关联，顺风借势，吸引用户参与活动，顺势获得更高的收益。

接下来，将要重点讲解怎样借助热点事件策划一场软文营销。

6.6 "跟风"事件：软文的快与准

借势营销是将销售的目的隐藏于营销活动之中，将产品的推广融入到一个消费者喜闻乐见的环境里，使消费者在这个环境中了解产品并接受产品的营销手段。具体表现为通过媒体争夺消费者眼球、借助消费者自身的传播力、依靠轻松娱乐的方式等潜移默化地引导市场消费。换言之，便是通过顺势、造势、借势等方式，以求提高企业或产品的知名度、美誉度，树立良好的品牌形象，并最终促成产品或服务销售的营销策略。

借热点事件的势头，就如同借东风一般，需要的是东风助力，最终达到营销的目的，而不是跟在东风的身后追赶，否则就只是单纯跟风，而不是借势了。

互联网时代，快速迭代的不仅仅是新颖的产品，同时还有眼界和思维。为什么有些企业、品牌可以把握势头，迎风而上，而有些企业、品牌只能灰头土脸跟风？这就是软文营销策划的技巧。

那么，在一场借势营销当中，如何才能使自己的软文脱颖而出呢？

未雨绸缪，对于能够分析到的结果提前进行软文的制作

做好应急事件准备，以防出现突发性热点

日常收集热点，以提高热点敏感度

总结热点发生规律，精准把控热点的可用素材

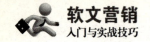
6.6.1　软文高手须知

1. 提前准备好软文

2016 年 2 月 29 日，备受世界瞩目的奥斯卡金像奖拉开了序幕，这除了是一场众星璀璨的影迷盛会以外，同时也是各大媒体争相关注的热点事件。其中，最受人瞩目的便是莱昂纳多·迪卡普里奥是否能够最终摘得影帝桂冠，将奥斯卡小金人捧回家。

作为"陪跑"颁奖季多年的演员，莱昂纳多·迪卡普里奥在每一年的颁奖礼上都会成为最受瞩目的焦点，每当这时，有关他是否摘得小金人的推文满天飞，朋友圈时常被此类文章刷屏。

毫无疑问，影帝落地的几个小时之内，用户对于此热点的关注程度最高，在这期间推文的转发率也更高。那么问题来了，为什么有些品牌商可以快速响应热点，而有的品牌商却会错过最好的热点宣传时机呢？

对于奥斯卡金像奖结果的热点，能够作出快速响应的品牌商都是提前做了充分准备的。同样以莱昂纳多·迪卡普里奥能否获奖一事为例。开奖之前，他是否能够成为影帝就已经搞得是沸沸扬扬，不仅影迷们翘首以盼，各大媒体也时刻关注动向。能够针对这个热点事件及时作出反应的媒体都会对此话题作出两手准备。策划团队会提前准备两种截然不同的软文——《心疼：陪跑几十年，小李与影帝仅一步之遥》和《长跑几十年，小李终于将小金人抱回家》，并且会对这两种完全相反的结局做足文章，比如提前在文章中分析为什么学院评审"不喜欢"莱昂纳多·迪卡普里奥，或者是他在颁奖典礼中发表获奖感言的深意。

提前准备软文不仅可以牢牢把握住热点传播、讨论的黄金时期，而且可以提升发布软文的质量，不会因仓惶赶热点而使文章漏洞百出。

2. 应急准备

除了一些相对稳定的话题可以提前准备软文以外，还有一些突发的热门事件也可以这样做。并不是所有的热点事件都可以提前准备软文，但是想要紧跟热点，就一定要为可能发生的热点事件做好应急准备。

网络上很多影视剧软文写手或是体育类型软文写手，时常会面临着这样的问题。例如，前几年大火的韩剧《太阳的后裔》受到无数粉丝的喜爱，所有人都在期待着悬念满满的大结局剧情。然而，结局究竟是什么，除非到了播出的时候，否则无人知晓。但如果等到结局播出再筹备软文，那将极有可能错过热点传播与讨论的最好时机。

因此，很多文案人员需要提前做好应急准备，多写几篇软文作为结局播出之后的备选方案。

同样，体育赛事结果也是不可预测的，不到终场结束的最后一秒，一切都有变数。不过我们在网络上看到很多媒体、营销团队能够在第一时间发布与比赛结果有关的软文与文案，这就是有应急措施的原因。往往团队中的软文写手在比赛之前就写出了大量预测结果的文章，一旦出现与文章内容贴合的比赛结果，就能够在第一时间内将软文发布出去，以占得先机。

3. 日常收集热点

除了在热点来临之前的素材收集工作，还需要有一个方向性的指导——日常热点的收集工作。

积累足够多的热点信息，才能够更加精准地抓住受众群体的好恶。

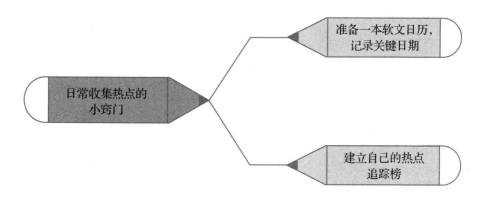

日常收集热点的小窍门
- 准备一本软文日历，记录关键日期
- 建立自己的热点追踪榜

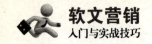

第一，软文写手需要准备一本"软文日历"。在这本软文日历当中，需要包含一些重要的节日、纪念日，这些特殊的日子需要能够引起用户的广泛关注以及讨论。例如情人节、儿童节、国际旅游节、"双十一"、圣诞节、元旦等特殊日子，这些日子都可以拿来大做文章，甚至可以和一些品牌商达成合作，产生集群效应。

尤其是一些与企业品牌相关的纪念日，有些纪念日可以引起用户广泛的共鸣，通过读者的参与，以提高品牌形象和社会责任认同感。比如张国荣代表着一段辉煌的音乐历史，也是一代人的心碎回忆，那么可以写一些纪念张国荣的文章，引起读者的"情怀"感悟。

有些纪念日需要舍得大投入，以便达到引流和提升销量的目的，而某些纪念日则需要团队进行"炒作"进行引流。

第二，软文写手需要有自己的热点追踪榜。这个热点追踪榜不是通过微博上的热搜或者浏览器上的热搜词就能够发现的，因为有很多热门的词语和话题都是企业主花重金购买的广告位。这些广告位上的内容主要是给广告主和不懂内幕的普通用户观看。作为职业软文写手，需要时刻关注的热点不应仅仅局限于热门事件上。只有建立自己的热点追踪榜，才能又快又准地发现可借势的热点。

4. 热点发生规律

学会总结热点发生规律，是一件意义深远的工作。例如，一部大热的韩剧有哪些关注点值得深挖？品牌主主要会从哪个角度进行切入，会采取怎样的方式植入自己的品牌？从哪些角度出发的软文获得的推送、点赞、转发率最高？如何进行植入的广告最容易被读者所接受？等等。

这就是软文新人与软文高手之间的分别。经验丰富的软文高手能够很快抓住热门事件的要点，知道事件中哪些素材可用、哪些素材应该剔除，清楚怎样对获得的材料进行整合，了解文章中哪些关键词应当特别标注。

所以，能够借到东风的不是"诸葛亮"，而是勤奋的软文高手。

6.6.2 关于借势那些事儿

近两年，借势营销已经成为各大品牌惯用的营销手法之一，每逢重大节日或事件发生，品牌的借势作品便铺天盖地席卷而来。这些作品大多只是昙花一现，虽然蹭上了热度，却没有实质性的内容输出，注定只能归于尘土。

"跟风"事件的关键就在于借势，但并不是哪些热点都可以借，在借热点之前，首先需要学会择势。

在择势时，需要遵循以下三个原则：对热点进行甄别；选择可以借势的热点；在择势的过程中量力而行。

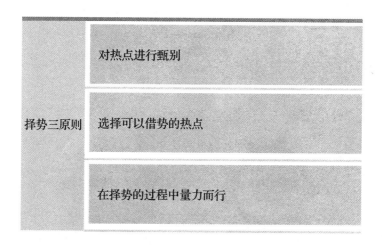

1. 对热点进行甄别

前文中，讲到软文写手需要拥有自己的热点搜索榜和热点日历。但是面对如此之多的热点，又有哪些是需要借势的？在借势营销中，软文借势的热点哪些是关注度高的，哪些的辐射面广，哪些正在走下坡路，都需要进行缜密的筛选。

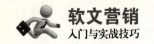

需要借助一些舆情监测、社会化媒体监控系统捕捉热点事件，并且与品牌主沟通如何应用这些热点。同时，还可以在微博热搜排行榜、百度热搜榜等人工观察监测，不必仅限于前十名，前一百名的热点都有很高的价值。软文写手需要提前进行预判，为热点势头的突然攀升做好准备工作。

2. 选择可以借势的热点

众所周知，杜蕾斯一向擅长借势，每次一到重大节日，都有无数新媒体小编狂刷杜蕾斯微博，坐等杜蕾斯的借势海报出炉。可以说，杜蕾斯是近几年最善于借势的品牌之一。通过观察杜蕾斯的自媒体会发现，在一些灾害、暴力、空袭等消极的热点以及争议颇大的热点上，杜蕾斯都是绕道而行的。

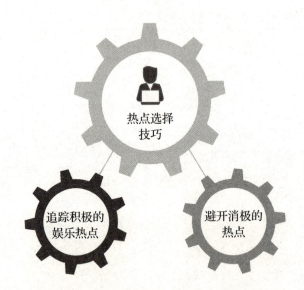

要知道热点分为很多种类，比如娱乐、财经、生活等，有一些热点是积极向上的，而有一些热点则是消极负面的。前者在任何时候都应该提倡，也是用户喜闻乐见的内容。试问，有谁会不喜欢轻松、有朝气、正能量的热点话题呢？后者则是需要规避的话题。但并不是所有的负面话题都不可以借势，如果品牌商有能力将负面话题转"正"，自然可以利用此热门事件。说到负面话题转"正"，那么就不得不提卫龙食品。

2017年因为乐天集团同意让地，使得这一话题在一天之内成为媒体平台上被传播、讨论度最高的话题。卫龙食品可谓嗅觉灵敏，政治敏锐，马上在官方微博宣布下架全国乐天超市的所有卫龙食品。对这条新闻，各大中国企业官微也纷纷站队表示支持，部分品牌表示自己也会将相关产品从乐天撤架。

卫龙此举引起各大媒体关注，在网民中也引发了非常强烈的反响，受到了一致好评，这一举动极大程度提升了卫龙食品的品牌知名度。从客观角度来分析，这是一场非常成功的借势营销。

品牌借势做广告营销，最理想的并不是求得一时喧嚣，而是要将事件核心点、公众关注点和品牌诉求点三点合一，让借的势与品牌所倡导的价值导向和品牌文化相融合。

本次乐天的让地行为引爆国人愤怒，点燃了公众的爱国主义情绪，引

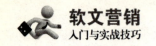

起大范围自发性抵制，形成了高温热点。卫龙食品就在此时站了出来，借助这波公众舆论热潮，宣布所有卫龙食品在乐天玛特全面撤柜，此举迎合网友情绪爆点。加上媒体大面积曝光，网民纷纷点赞，爱国主义舆情极其快速地塑造与升华了卫龙的品牌形象。

卫龙食品的这次借势营销相当成功。与之相反，在繁杂的营销市场中，也不乏一些企业迎难而上却将自己推入了万劫不复的深渊中。

2015年，网络打车频频发生袭击事件，神州专车借此打出一波广告："Beat U 跟陌陌比××，跟微信比社交，朋友，你真的是来开专车的吗？好惊讶！""互联网思维，不能突破底线思考，要赚钱，也要安全，问问度娘，上个月发生了多少案件！"诸如此类的语言直指专车行业的一位竞争对手优步 Uber。此软文一出，网络评语并没有按照广告语给出的暗示与神州专车站在统一立场，而是批评神州专车借公益性的广告语打击竞争对手。此软文也得到网民的纷纷"鄙视"。

楼宇广告、地铁广告、列车广告夹杂在一起，神州专车的这笔广告投入不在小数，可惜在借势热点的选择上出现了失误，因此不仅没有达到推广营销的目的，反而对品牌的形象造成的极其严重的负面影响。

3. 在择势的过程中量力而行

如果说软文撰写和传播是市场工作的重要部分，那么企业主就必须明白，市场工作大多数时候意味着大量的资金投入。有多少钱办多少事，这是市场营销的一条不成文的法则。那些不花一分钱就吸引10万甚至100万用户的宣传，多数是虚假的。

不是所有企业都有杜蕾斯一样的团队配置和市场预算，这些大型企业有足够的人力、物力、财力支撑他们去追踪热点事件。但是小型企业的热点追踪、主题选择、资料收集、组稿、审稿再到校对，大多数工作都是由一个人独立完成的，而一个人的能力再强，时间和精力也是十分有限的。

因此，很多中小型企业都选择紧盯一些在借势方面做得很好的品牌，比如杜蕾斯、卫龙、可口可乐等，这些品牌一旦在利用某热点借势，就证明这个热点是十分容易切入的，至少是应该考虑借鉴和再发挥的。

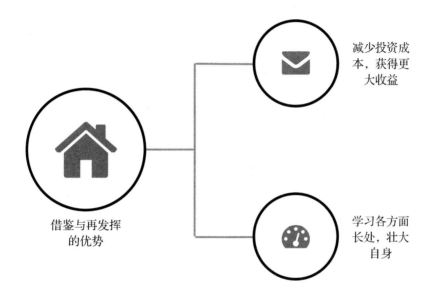

虽然这样的工作往往会使借势变成跟风，但跟风的成本投入更小，总比不跟风要好上很多。长期追踪这些品牌，也会发现大型企业软文营销的优势，学习它们的长处，可以使自己变得更加强大。

6.6.3　七大类热点教你借势营销

软文的内容要根据品牌主的要求、特性进行选择。选取热点有怎样的技巧，是接下来需要讨论的内容。

1. 节日类热点

节日类热点是营销当中最常见、最具规律性且最不能忽视的热点，各类大小节日一直是营销活动展开的热点时间。

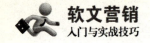

从中国的传统节日春节、端午节、七夕节、中秋节等，到西方的感恩节、圣诞节、万圣节、情人节，再到近年来在网上火爆的"双十一""双十二"等，都可以成为品牌借势的节日热点。

节日类热点最容易陷入的雷区就是"老套"。在节日当天，所有媒体都会争相发布文案，此时，受众更关注的是谁的文案更加新颖。老套的文案只能限制受众的接受程度，引起受众的排斥。

2. 赛事类热点

体育赛事是各大 IP 的入口，基于体育总能给人带来正能量和青春活力这一点，很多大品牌商往往不会错过借助体育赛事进行营销的机会，甚至会以冠名的形式成为体育比赛的组织方或者赞助方。

全民性的奥运会、冬奥会以及足球盛事欧洲杯、世界杯、亚洲杯，网球盛事和高尔夫比赛等等，这类大型的体育赛事的持续时间较长，赛程中会产生各种意外，因此热点频出。

一些局域性的赛事相对来说较为小众，但作为软文写手，同样不能忽视这些赛事的影响力，比如区域性的足球赛事、团体内部的比赛等。参加或参与此类小型赛事的人群，往往是产品的直接需求人群，流量虽小，但销售转化率颇高。

3. 娱乐类热点

在现代社会，大众的生活节奏明显加快、人们的工作压力日增，随着社会竞争日益激烈，大众的经济实力也与日俱增，受众消费能力愈强、精神需求愈多，为品牌商创造的商机就愈多。人们需要通过一种轻松快捷的途径去舒缓自我、发现快乐、寻求生活的平衡，娱乐就是不二之选。娱乐不再是一个孤立存在的个体，已经渗透到人们工作和生活中的方方面面。

娱乐通常能带来愉快、放松的情绪，娱乐类热点的接受程度在所有热点中通常是最高的，人们出于好奇，会更加关注娱乐类型的话题和热点。

积极、正面的娱乐热点能够帮助品牌树立良好的形象，如明星的婚礼往往是服装、配饰、花朵的天地。此时的热点氛围往往是和谐而温馨的，品牌也会被赋予此类色彩。

娱乐类热点适宜

• 在对娱乐类热点进行借势的过程中需要传递正能量

娱乐类热点禁忌

• 在对娱乐类热点进行借势的过程中一定不要传播负能量，不要侵犯艺人隐私

娱乐热点也有负面的，除非娱乐类或者情感类产品和服务，其他品牌不建议追赶此类热点。因此，在择势过程中，选择怎样的热点进行追踪一定要经过慎重的考量。

4. 负面类热点

负面性事件散发出来的是负能量，与企业、品牌需要宣传的积极向上的正能量主旋律不符，传播此信息的平台也很可能会被冠以传播负面能量

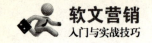

的"罪名"。

负面性事件在目前的热点中十分常见，也同时会兼具其他类型属性。以某明星离婚事件为例，很多品牌文章都是探究其离婚背后的原因、以及二人离婚可能会造成的影响，也有很多情感类媒体抓住热点讨论该如何处理夫妻之间的情感问题。但从宣传的角度来说，无论是哪一类软文，都不适合嫁接到企业品牌上，触及负面热点很可能使文章沾染负能量，带来负面影响，不利于树立良好的企业形象。依靠报道负面类热点的媒体人也不会被关注很久，极易招致群众的不满。

> **负面类热点适宜**
>
> • 借势负面类新闻可以从事件解析类文案入手，构思科普、指南类文章

> **负面类热点禁忌**
>
> • 借势负面类新闻时，一定不要对产品进行广告植入，不要因为跟风而进行没有底线的营销

对于负面类热点，从事件本身来说难于借势，品牌不宜参与活动、海报文案，如果与品牌业务相关的内容，可以尝试从公益角度提醒，同时以攻略型文案出发，避免涉及自身产品、品牌太多，更不要借势进行产品促销。

5. 行业类热点

"双十一"购物节由淘宝领起了风头，每年都会引发各大电商如苏宁、亚马逊、易迅、当当、天猫、国美在线等的借势营销，一场电商大战就这样引爆。如此热闹的"双十一"购物节，让更多用户在欢乐中消费了，各家电商均有受益，其乐融融。

2016 年 8 月 5 日，在汽车行业内掀起一阵前所未有的营销狂欢。狂欢是从奔驰长轴距 E 新车的一句文案开始的——"过 5 关、斩 6 将，全新梅赛德斯奔驰长轴距 E 级车，文武双全"。该文案看似平常，实则含沙射影，剑指宝马 5 系和奥迪 A6。

此时宝马趁机推广自我品牌，妙用三国故事撰写文案："大 E 失荆州、失 E 走麦城，无宝马，不英雄"。BMW 是国外品牌，翻译到国内为"宝马"，而三国时期一匹好马甚至可以决定战争的胜负，故称好马为"宝马"。宝马此文案一出立即受到了广泛好评，销量自然也水涨船高。

一汽大众旗下品牌奥迪也趁机推出"群雄逐鹿，奥视天下，岂可轻迪"；林肯推出"骑赤兔，失 E 走麦城。懊悔不已，不如走林肯之道"；沃尔沃推出"E 路过关斩将，然而胜券在沃"。巧用变字，都在这场借势营销热浪中脱颖而出。

行业类热点多局限于本行业或相关行业，在不影响品牌形象的前提下，越多品牌参与，热点的势头就越大，营销效果就越好。不过借势行业类热点仍存有一些禁忌，例如在借势营销过程当中一定不要无底线攻击竞争对手，不要一味地无创意跟风，这样的行为都会受到群众的反感，不利于宣传企业文化。

6. 时政类热点

时政类话题的借势需要甄选，因为这不仅涉及到品牌形象的问题，还可能涉及到政治敏感性甚至国家安全的问题。

品牌主应当尽量避开敏感的时政类话题，以及在发生重大政治事件时，一定要避免品牌借势营销，一旦迎风而上很容易被推上风口浪尖。不过有些时政类热点是可以从祝福等角度发起的，例如 2015 年阅兵日时，虹桥机场的快闪活动，表达了对祖国繁荣昌盛的祝愿。

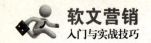
时政类热点适宜

· 借势时政类热点时多采用祝福形式，并且保证符合国家政策要求

时政类热点禁忌

· 借势时政类热点营销时切忌植入品牌广告

7. 灾难类热点

在热点中群众最不愿意看到的就是灾难类的热点，比如地震、暴雨、洪水、大火等等事故，这些天灾人祸与性命相关，所有以营销目的做借势的品牌都会受到用户的谴责，这是良心与底线。

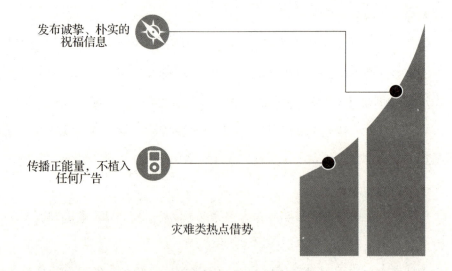

灾难类热点借势

和时政类热点一样，灾难类热点也涉及到社会责任感，在品牌方人力物力比较充足的情况下，选择用行动替代营销活动更能赢得消费者的尊重和认同。如果行动能力有限，就送上最诚挚、最朴实的祝福，或传播有效的抗灾救难信息，但不植入任何广告。

但并不是说品牌主不能结合灾难热点进行营销，而是要看品牌的初心是什么，群众真正想要看到的是企业、品牌的具体行动。如汶川地震发生后，王老吉集团捐款 1 个亿，此事件受到了群众的广泛支持和肯定，很多厂商开始在社群中宣传王老吉的公益行为，很多用户自发大量购买王老吉凉茶，大大拉动了凉茶的市场。在灾难中的品牌行动激发了用户情绪，才会产生后面的用户行动。

同样的案例还有很多，如 2015 年天津发生爆炸事件，一知名企业收集整理了央视新闻发布的详细逃生信息、自救信息、献血信息，并且进行大力推广，随之得到较高的转发量，大大提升了企业的知名度和群众的信任程度。

要知道，在灾难面前，民族情节最为高涨，每个国民都在思考如何为抗灾出一份力，即使此时人们的行动力仍旧很差，但出力的心都是有的。所以在灾难发生时，也是祝福、抗灾指南等信息最为盛行的时候。

灾难事件重在品牌表态与行动，可以低调参与到救灾、救助、祈福、捐款中。但是，如果在灾难面前，企业、品牌进行自家产品促销，却没有付诸公益行动，这种"硬借势"显然是笨拙、可笑的，必然不会受到用户的接受。

6.6.4　软文用势要放大

知道如何借势，更要知道如何在软文中用势。在软文用势中，要遵循三个原则：软文中所选择的点必须跟热点的主流对应；软文中所选择的点必须跟品牌性质点一致；软文中所选择的点要尽可能地突出、放大。

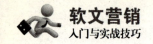

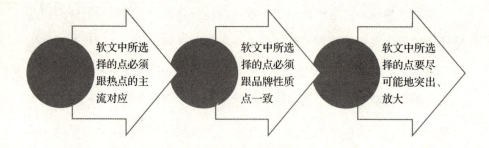

1. 软文中所选择的点必须跟热点的主流对应

2015年8月12日23时20分左右，天津港国际物流中心区域内瑞海公司所属危险品仓库发生爆炸，短短时间内，损失惨重，十几个年轻消防员也因此牺牲。

在各大品牌商纷纷考虑究竟是否应该借这个热点事件的时候，在微博等大型社交平台上，一张"最帅的逆行者：伟大的逆行身躯"图片得到近万次的转发。这个图片内容是简单的绘画，画面中，遇险的群众正在紧急撤离，而赶往营救地点的消防员却与群众背道而驰，奔向最危险的爆炸中心。

近些年来屡次的灾害事件中，网友最关心的是群众死亡人数、救援措施、募捐金额等等信息，但这次事件与以往不同，因为一张图片，众人的关注重点向消防员身上倾斜，而非单纯着眼于灾情。

上述图片突出了消防员这一职业的无畏与奉献精神，旨在向消防员致敬，彰显灾害面前的一种振奋人心的正能量，这正是网友所需要看到的，更是他们愿意自发传播的。对于品牌商来说，选择这样的点才可能使文案流传得更远更久，更加能够提高品牌的知名度与口碑。

2. 软文中所选择的点必须跟品牌性质点一致

策划软文之前需要择势，写手必须牢记的一点是借势营销的目的是为了让品牌传播更广、更深入人心，而不能为了借势而借，不能盲目跟风。

想要做到这一点，需要遵从以下两点。

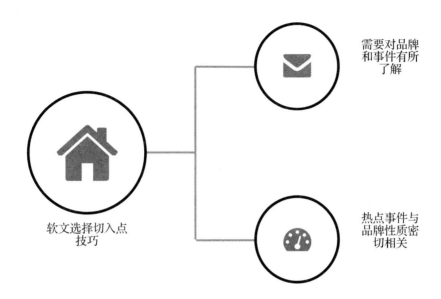

这个热点必须跟品牌主想宣传的产品或服务有密切的关联之处。以神州专车、优步代驾、滴滴出行之间的市场竞争为例，用户在选择使用哪个品牌的服务时，首先考虑的因素是价格差异和便捷程度，因为专车的出现和被大众所接受就是因为出租车的高价位、不容易打到车等问题。相比而言，选择新型的出行方式能够获得很多不可见的优惠，比如代驾、专车的安全和舒适，除了优质的服务质量以外，用户更愿意得到肉眼可见的实惠，例如顺风车价格低、优惠券折扣大等，所以市面上流行的代驾、专车品牌的竞争点也集中在这方面。

如果说优步已经做到了价格的最底线，神州专车本就是定价比较高的话，那么就应该划分受众群体，比如前者的受众是大众白领阶层，后者的受众群体则是高收入阶层人群。如果受众人群不一致，神州专车就不应该将自己和优步代驾比较，而是在特定的人群中击中他们的痛点，比如接送学生、出差办公等等。

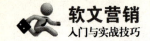

3. 软文中所选择的点要尽可能地突出、放大

软文写手们好不容易找到了一个能够借势的热点，费劲心思去构思、排版了图文，不是将文章发布在微博、微信就大功告成了，还要遵循以下两点原则：一是主题要尽量放大，二是用势要突出、夸张。

在"用势"这个方面懂得放大，对品牌来讲是非常好的加分项目。例如每年春节前后都会出现抢票难的现象，猎豹就借势此事件，策划了一个"送老乡回家"的营销活动。这个用势不仅仅是在文案上的简单"跟风"热点，而是要有实质性的活动进行配合，从话题热度上延长时效性，为猎豹浏览器这一品牌带来更多的关注度和信任度。

进行软文的营销宣传不仅仅是需要品牌主或是写手本人进行活动宣传，同时还需要借助外力的支持。例如在营销推广的过程中可以与网络上的知名博主进行互动，这些博主的号召力和关注度很高，有了他们的助力，能够使所要推广的产品或者服务获得更好的传播效果，软文的转化率将大大提升。

第七章

写作技巧之创意软文

"所有伟大的故事，都来源于伟大的创意。"软文营销同样如此。千篇一律的文章内容早已无法打动读者的心，只有充满创意的内容，才能够让人产生眼前一亮的感觉。在软文创作中，千万不要忘记创意这件事情。

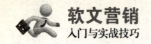
7.1　创意软文案例示范

案例一

　　冰雪覆盖的世界屋脊上，狂风夹着雪花漫天飞舞。两名登山者沿着陡峭的山崖，异常艰难地向主峰攀登。

　　作为专业登山者，他们都配备了最好的登山设备，但即便如此，由于路途极其险峻，加之长途跋涉，孤军奋战，他们的登顶之路真可谓是难于上青天。

　　不过最终，他们还是凭借过人的毅力和过硬的专业技能，双双冲顶成功。正当他们舒展双臂，俯视群山，以征服者的豪情奋力狂吼的时候，耳边突然传来了两声清晰的汽车鸣笛声。

　　侧目一看，天哪，竟然是一辆大卡车缓缓地开到了他们的面前——他们经过千辛万苦、冒死抵达的峰顶！卡车司机似乎并不见外，他摇下车窗，冲着两个惊呆了的登山勇士打招呼说："嗨，伙计们，去昂古达尔，路还远吗？"

　　勇士们告诉他这里是喜马拉雅山。闻听此言，卡车司机还以为他们是在跟自己开玩笑，不满地回了一句："喜马拉雅——？别逗了！"

　　随即，画面打出广告语："乌拉尔卡车，无处不在。"

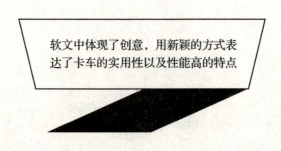

软文中体现了创意，用新颖的方式表达了卡车的实用性以及性能高的特点

案例二

一个凌晨，两个家伙装上他们的飞行装备，向山区进发。

第一次飞翔时，在上升阶段，牛肉干是这两个家伙唯一的早餐。虽然是全国闻名的纨绔子弟，但他们到山区练习飞翔时，最好的补给也不过是牛肉干。可是这个牛肉干根本不是它该有的味道，难嚼且乏味。

当他们降落下山时，肚子和口味的冲撞越来越严重，他们开始憧憬美味的牛肉干应该在嘴巴里的场景。

夜黑风高的晚上，野外伸手不见五指。他们像坐了几十年监狱一样眷恋美味，嚼劲十足的牛肉、新鲜的甜橙、红酒、黑胡椒……不对，黑胡椒配牛肉干，这不就是牛肉干该有的味道吗？

那天晚上，手电的所有电都用完了。他们需要在草稿纸上画出最理想的牛肉干——香料、工艺、大小、包装，伟大的创意诞生了。

一个月后，他们带着研制成功的牛肉干重新征服了山顶、极速下坡和他们原计划半年内完成的所有冒险。

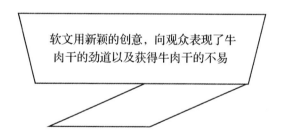

软文用新颖的创意，向观众表现了牛肉干的劲道以及获得牛肉干的不易

案例三

这是斗牛士与公牛之间的一场新式决斗，目的是为了验证一种新型洗衣粉的速效去污能力。一边，斗牛士手持一瓶红酒，对着绳子上挂的一块白布，一下一下地甩着红酒。

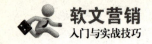

另一边，一头被关在卡车里的暴躁的公牛已经急红了眼，卡车被它撞得摇来晃去。斗牛士示意打开卡车的后门。公牛发疯似的朝着斗牛士的方向狂奔而来，身后黄土飞扬。斗牛士镇定自若，有条不紊，他先是向旁边桌子上准备好的一盆清水里倒了一小勺洗衣粉，然后摘下那块沾满红酒的方布，放入清水当中，回头看了一眼飞奔而来的公牛。

当公牛离他还有几步之遥的时候，斗牛士猛地从水中抽出并展开方布，英姿勃勃地冲着公牛摆出了一个迎战的亮相。但此时，方布上的红酒污渍已经荡然无存。奔牛急停了下来，望着那块白布，无奈地垂下了头。

毋庸置疑，新型洗衣粉的快速去污功能得到了实践的检验。但就在这时，桌子上的酒瓶被不慎碰倒，红酒溅了斗牛士一身，衣裤被染红了一大片。猛然间，近在咫尺的公牛高扬牛角，重新进入了决斗状态……

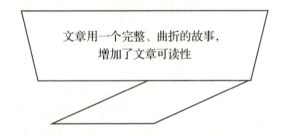

文章用一个完整、曲折的故事，增加了文章可读性

案例四

夜晚，在巴黎的街道上，一个小伙子站在一幢居民楼的楼下，一言不发地仰头望着楼上。书籍、闹钟、杂志、运动鞋、唱片、电吉他等物品相继被人从楼上抛下，物品砸得满地狼藉。

站在楼下的小伙子神色凝重，看起来像是与恋人闹了不愉快，最终导致了这场"纷纷扬扬"的分手大战。

这时，楼下又来了一位白发苍苍的老者，他想要阻止楼上的行为。路人正准备感叹老头儿的好心肠，楼上的人又抛下了一个相框，里面镶着老头儿夫妇的合影。

路人再抬起头，发现一个出完气的老太太双手插腰站在阳台上。到这个时候，围观的群众才看明白，原来是一对老夫妻在闹矛盾，看来扔东西出气并非年轻人的专利。

文章最后，打出了一条来自保险公司的温馨提示：即使活到了 70 岁，还是什么事都有可能发生。

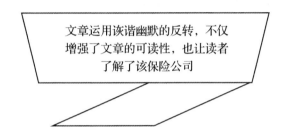

文章运用诙谐幽默的反转，不仅增强了文章的可读性，也让读者了解了该保险公司

案例五

在非洲肯尼亚广袤的原野上，烈日当头，微风轻拂。原生态的自然环境中，一位穿着当地土著服装的非洲小伙子，一只手提着锋利的长矛，另一手紧抱着一个小包袱，神情焦急地一路小跑，一路像是在寻觅些什么……

这位非洲小伙子循着路标，飞快地来到了位于首都的内罗毕机场，毅然决然地搭上了走出非洲的航班。在飞机上，他用双手把小包袱紧紧抱在怀里，惟恐有任何闪失。包裹中一定装着十分重要的东西。这个善良朴实的非洲小伙子心中只有一个想法：无论如何，也要把自己捡到的东西归还给它的主人。

经历了十几个小时的长途飞行，飞机降落在一个繁华的欧洲都市。在

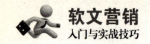

这个完全陌生的文明都市里，非洲小伙子处处感到不适，而他的出现以及独特的装扮也引来了好奇的都市人的纷纷侧目。但非洲小伙子痴心不改，依然是一手长矛，另一手包袱，在茫茫人海中苦苦寻觅着失主。

功夫不负有心人，他最后竟然幸运地找到了失主的家门。家门打开，年轻夫妇满脸疑惑，不知发生了什么事情。非洲小伙子却如释重负，他小心翼翼地从小包袱里拿出一样东西，笑呵呵地说："这是你们在非洲打猎时遗忘的东西。"

原来，那是被年轻夫妇随手丢弃在非洲大陆的一个空矿泉水塑料瓶。广告最后告诫游人要懂得尊重大自然，不要在旅途中乱扔杂物，污染环境。

> 文章中设置了悬念，在悬念揭开的最后一刻点明了公益广告的主旨，引发读者的深思

一个企业或者品牌需要对服务、产品进行宣传，而宣传的内容需要被接受，故事是最容易被大众接受的，采用讲故事的方式是宣传创意的方式之一。人们自小就喜欢听故事、读故事，可以在有趣的氛围下获得智慧和知识，这是生活的调味剂，也是重要的学习渠道。以至于当人长大了之后，看到故事仍旧很有阅读的欲望。所以将产品融入到故事中，是非常有力的宣传形式。

但不是所有人都能够讲出一个生动有趣又吸引人的好故事。如何能让自己所讲述的故事更加吸引读者阅读呢？软文创意是必不可少的。

接下来我们就软文营销中的创意写作技巧进行讲解。

7.2 软文创意三大要素

让软文充满创意和单纯的软文写作不一样，想要提出一个好的创意，需要写手对软文效果的理解更为直接，需要消耗软文写手的精力也会更多。

在软文创意写作中，需要软文写手了解下图中所示的软文创意三要素。

7.2.1 从差异中体现创意

在这个物质越来越充足的时代，消费者评判事物的标准发生了改变，购买行为逐渐从"东西好不好"变成"这个东西我喜不喜欢"。这就意味着，在物质过剩的社会里，生活必需品已经充足，没有什么特别想要的东西，消费者会以自己的感官为消费导向，就导致了差异化营销概念的

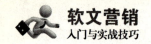

出现。

所谓差异化营销又称为差异性市场营销，是指面对已经细分的市场，企业选择两个或者两个以上的子市场作为市场目标，分别对每个子市场提供针对性的产品和服务以及相应的销售措施。

软文写作中同样需要注意文章差异化营销。写手在进行软文创意写作时，不能够忽视的一点就是文章的差异化，对产品提炼差异化来作为软文写作的卖点。那么要如何来提炼这些呢？怎样才能让产品在业界广为传播成为焦点？需要注意到以下几点。

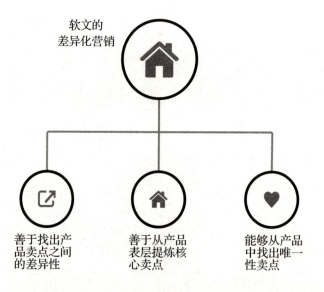

第一，一个有经验的软文写手，需要善于找出所要推广的产品卖点的差异化。在生活当中，我们常常看到很多著名企业都有一句标志性的广告语。例如互联网企业百度：百度一下你就知道；搜狐网站：看新闻上搜狐；传统企业峰洁卫浴：给每一位顾客营造一个五星级的家；著名洗发品牌海飞丝：去除头屑烦恼。

不难看出这些品牌都有一个特定的印象留给大众，所以找出产品的差异化作为卖点，树立产品品牌的卖点，将会对未来销售起到极大的作用。这也是软文写手在写作时应该了解的。

第二，成熟的软文写手应当善于从产品表层提炼核心卖点，并且从核心卖点入手进行软文的创意。每一个产品在企业推出时都有一个核心概念文化，如果产品本身很优秀，再加上又有与众不同的卖点，就会激起消费者的购买欲望。比如农夫山泉品牌的知名广告语"农户山泉有点甜"，就是在向消费者强调它的口感，让读者想起这句广告语就能够感受到其水的甜度，从而产生购买的欲望。

第三，在进行软文创意化的过程中，写手可以尝试从产品的唯一性寻找卖点。例如大家熟悉的金龙鱼调和油，那句人人都知道的广告语：配方比例是 1:1:1。

著名的微信公众大号咪蒙就是制造差异化的好手。

7.2.2 生活化创意

创作来自于生活，文章中描述的应该是目标群体在生活中常见的事物。软文写作需要有创意，但也不能跳脱于受众所熟悉的生活之外，因此在软文创作中一定要注重生活化内容，做到让软文充满"人性"。

美国《华尔街日报》的资深头版撰稿人威廉·E.布隆代尔说："所有被称为伟大的故事，都来自伟大的创意，几乎在所有伟大的故事创意中，都有一种人性的展示。"这不仅仅体现在文章内容上的人性关怀，还有文章的表达方式。

布隆代尔在其著作《"华尔街日报"是如何讲故事的》一书中提到一个概念——交谈感：读者阅读一篇文章时，想要一种和作者单独聊天的感觉。作者在诉说自己的故事，而读者在倾听、回忆自己的过去，或憧憬自己的未来。读者不希望作者面对黑压压的一群人做演讲，那让他昏昏欲

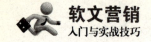

睡。在软文创作中也有如下图所示的技巧。

软文写手在创作文章的过程中应将读者作为自己的朋友，运用交谈式的写作方式对故事进行讲述。此时的读者就是作者的朋友，如果读者恰巧对文章的主题感兴趣，便会继续阅读下去。如果文章内容中有干货，并且语言表达比较清楚，读者就会乐意进行评论、点赞，并将此文章分享给身边更多的人。

这就是交谈式写作方式的高明之处：让读者自动成为你的朋友，愿意听你的故事，帮你分担压力和困难；而你也愿意将自己的心事说给朋友听，愿意信任他们，听取他们的意见。

7.2.3 具现化描写

好莱坞电影营销中有一个叫做"高概念"的营销策略。这个策略指以最简练的语言说出即将拍摄的电影是什么，给投资人一个投资该电影的理由。具现化描写的技巧有如下图所示的两点。

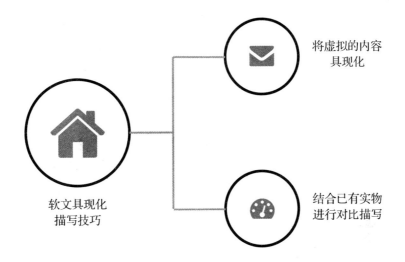

比如《生死时速》这部电影被概括为"公交版的《虎胆神威》"，电影《异形》被称为"太空船上的《大白鲨》"。

《虎胆神威》是一个已经上映的好评电影，如果导演无法以精练的语言概括出《生死时速》的电影场景和剧情，最好的办法是拿投资人已经知道的场景做对比，《虎胆神威》就是最好的对比物。

这就是为什么杜蕾斯把一款避孕套比作气泡。这款避孕套的突出特征是"薄"。品牌方可以用数据来显示，比如 0.1 毫米、0.01 毫米等等。这个数据似乎很有说服力，是大众认知中比较薄的数据了。可惜的是，这个认知不是体验，用户不知道 0.1 毫米或 0.01 毫米在体验上有何不同。于是品牌方选择对比物，大众都知道气泡轻薄可见，可以给消费者一种"杜蕾斯像气泡一样薄"的感觉。

7.3 日常软文中的创意七法

7.3.1 会挖历史，巧借东风

任何企业都有历史，过去的一切都可以称为历史，这些历史和企业文

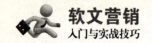

化是紧密结合的。软文写手想要写出新意，可以从企业或者品牌的历史入手，企业所在地是否有历史可挖，企业是否有文化传承，企业的产品或者经营项目有没有相关历史背景等。如果能找到历史典故，即具备开展软文营销的"地利"了。

在软文写作中，写手既要懂得"挖历史"也要懂得"借东风"。所谓"东风"，主要是针对一些时下发生的事件，引起人们的广泛关注。可以是社会热点，也可以是新闻事件，但是必须从正面去创意。

7.3.2 "讲故事"

前文中已经提到，成熟的软文写手在创作文章的过程中会营造一种和读者是朋友的场景，运用讲故事的方式，和读者之间制造对话感。其实讲故事不是目的，故事中的产品和服务线索才是文章的关键。

故事的知识性、趣味性、合理性是故事性软文的基本要求。

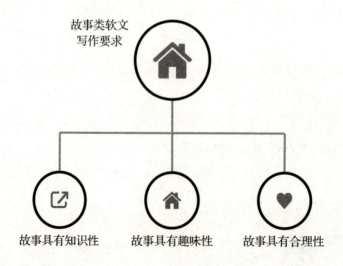

针对软文的行动目标可以自编一段小故事然后巧妙融入自己的产品进而达到宣传的目的。也可通过讲一个完整的故事带出产品，使产品的"光环效应"和"神秘性"给消费者心理造成强暗示，使销售成为必然。

故事从哪里找呢？公司产品或者服务、企业家本人、消费者、企业活动、员工生活等。只要用心关注国内外热点事件、焦点，带着行动目标去想如何讲故事，故事性软文的创意一定会出来。

7.3.3 巧用数字，树立权威

在一篇文章中，往往有精准数据出现会让文章的可信度更高，在大部分读者的印象中，数字是最具有权威性的。

在软文中多运用数字，既能够体现软文的专业水准，同时能够增强文章内容的具体化和可信度。软文写手在进行文字创意的过程中，不可不从数字上做文章。

作为软文写手，在前期材料积累的过程中需要注意媒体与数字相关的报道，熟悉哪些数字内容能够引起读者的深入探讨。

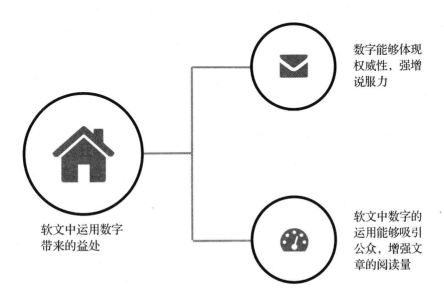

数字能够体现权威性，强增说服力

软文中运用数字带来的益处

软文中数字的运用能够吸引公众，增强文章的阅读量

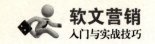
受众希望获取具有权威性的文字，例如，同样一篇文章，如果是一个普通用户发出来则反响平平，但如果是由某公众大号发出就会获得大量的转发、评论。

那么软文写手在做软文创意的时候就要迎合这种现实。权威在哪里呢？除了权威的数据以外，权威还可能是一定领域取得突出成就并且有一定知名度的人。

借助名人效应树立权威的应用在软文营销中很普遍。几乎大部分广告都在利用名人效应，爱屋及乌，因为受众对名人的喜欢、信任甚至模仿，从而转嫁到对产品的喜欢、信任和模仿。

软文营销也可以借助名人来吸引公众的眼球，增强文章的阅读率。但是傍名人如果没有经过名人的同意，风险也是很大的。在软文营销的实践中，傍名人的操作手法有些时候与借东风一样，可以直接借名人事件做一些评论来引出要植入的话题。

软文要树立权威性，需要借助权威来增强文章的整体说服力。不过软文写手同样需要注意一点，在借助权威数据或是人物的过程中，要做好全面的准备和积累，否则会出现中心转移或是数据有误的情况。

7.3.4 真情中体现创意

法国哲学家、文学家狄德罗说过："没有感情这个品质，任何笔调都不可能打动人心。凡是有感情的地方就有美。"

人是有感情的高级动物，只要动了感情，就会引起共鸣或者在心底里被触动，从而改变自己的行为决定。

例如，网上曾出现一篇替七旬的奶奶卖莴笋的帖子：我七旬的老奶奶一个人住在岛上，执意种着她那一亩三分地。现在正是绿色莴笋成熟的季节，可是上星期接到奶奶打来的电话却一片惆怅，奶奶说今年的莴笋大丰收，却没有菜贩子来收。奶奶问我该怎么办。奶奶的地里有 2000 斤莴笋呢！这不只是莴笋，还有老人家的一片心，扔了多可惜。再没有人买，我奶奶的一亩多地莴笋就只好烂在田里了！

这篇帖子一出现在网络中便受到了很多网友的关注，文章朴实之中见真情的话语感染了众多网友，两天时间 200 多名网友在论坛版主的组织下收购了几千斤莴笋，给出的价格远远高于市场价。这就是软文中情感的力量。软文写手如何能够在真情实感中体现创意是需要根据所推广的产品特性决定的。

7.3.5　从后果入手

呈现后果是一个很有意思的创意，这里的呈现后果不是使用某产品或某服务后直接的效果，而是这个效果带来的后果。

比如，全世界都在用杜蕾斯，天哪，一百年后人类绝迹了，因为避孕效果太好，子孙后代全没了……

当然，后果得出乎意料才能获得良好的效果。

这个模板要避免的情况是，后果不令人感到意外。如果用了杜蕾斯情趣用品，挽回了出轨的老公，这种后果就不要呈现了。用户喜欢看的是意外。

7.3.6　正面出击？偏不！

软文创作中常常会运用"反着来"的方式体现文章创意。其本质就是逆向思维，对司空见惯的、已成定论的事物或观点反过来思考。要敢于"反其道而行之"，让思维向对面的方向发展，从问题的相反面深入地进行探索，树立新思想，创立新形象。

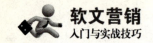

第一种是反转型逆向思维，就是从已知事物的相反方向进行思考，简单理解就是直接反回来。比如说开卷有益，那么就要琢磨开卷未必有益。

第二种是转换型逆向思维，解决问题的手段受阻，转换成另一种手段，或者转换角度思考。"司马光砸缸"就是典型的逆向思维运用。比如，某产品被投诉售后服务差，如果用软文去公关就可以从产品质量过硬，售后遇到的问题少、经验不足，正在加强学习的角度去解释。实际是用了"售后服务不差"这个思维，换了个角度寻找论据。

第三种是缺点型逆向思维，思考是否能把缺点变为优点，化被动为主动，化不利为有利。比如，金属容易腐蚀生锈，这是缺点。但是这个缺点可以被利用就是优点，可以利用它的腐蚀生锈特性来生产金属粉末。

7.3.7 不威逼，要利诱

在网络论坛上经典的网络软文营销案例当属"吃垮必胜客"了，这篇软文的创意就是利用了某些网民贪小便宜的心理，以极具趣味性的语言表述如何将沙拉在盒子中堆砌得更多。结果该软文一经投放便发不可收拾，大量消费者涌入必胜客去尝试这个方法，必胜客赚了个盆满钵满。

在软文创意的时候，充分迎合某些人贪小便宜的心理，还可以通过设置奖赏来利诱。比如给与折扣、赠送礼品，甚至是免费。说得再简单些，就是让读者看了软文知道除了获取到有价值的信息之外，还有机会获得一些物质上的回报。

第八章

微信推广，粉丝利润双丰收

微信俨然已经成为了现代人不可或缺的社交工具，随着微信公众平台的兴起，大量优质的软文开始在朋友圈中传播开来。作为软文营销者，不可不知道微信推广的奥义，学会运用微信推广，获得粉丝利润的双丰收。

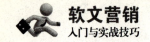
8.1 占领朋友圈

微信营销是网络经济时代企业或个人营销模式的一种，是伴随着微信的火热而兴起的一种网络营销方式。微信不存在距离的限制，用户注册微信后，可与周围同样注册的"朋友"形成一种联系，订阅自己所需的信息，商家通过提供用户需要的信息，推广自己的产品，从而实现点对点的营销。

当代年轻人越来越多地投入到微信大军当中。那么软文营销在微信中也可以适应得很好。

利用微信朋友圈可以达到很好的引流效果，每个使用微信的都有朋友圈，定时刷新、查看朋友圈成为了人们生活中的常态，微信朋友圈成为了软文传播的有效途径之一。那么，一个企业或是品牌想要从朋友圈引流，需要从以下四个方面着手：个性化标签、产品文案、图片发送、互动交心。

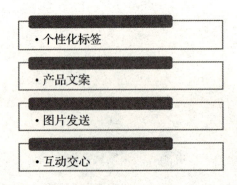

- 个性化标签
- 产品文案
- 图片发送
- 互动交心

8.1.1 个性化标签提升影响力

在微信当中，个人标签写得好不仅能够吸引用户的目光，还能够为微

信公众号和其中推荐的软文带来更加广泛的关注机会。个人标签在设置时
需要注意的事项如下图所示。

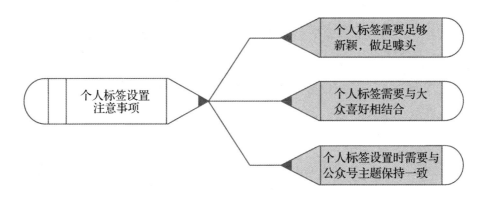

软文推广以及公众号营销人员要将个人标签设置得足够新颖，在推广
时只有做足噱头，才能够吸引广大的粉丝群体关注。例如，某微信公众号
运营者将自己微信朋友圈的个人标签设置成"打狗棒集中营"，以新颖的
个人标签获得了更多人的关注。

公众号推广运营者在设置标签时需要关注的问题是，标签一定要涉及
大众关注的话题，这样的话题也是大众所喜闻乐见的内容。例如某情感类
微信公众号运营者将自己的朋友圈个人标签设置为"房价涨、食品涨，就
是白领工资不肯涨"。这样就能够让朋友圈的用户一眼看出该公众号是贴
近生活的犀利文字风格。

其实，微信公众号运营者在设置自己的朋友圈个人标签时，可以适当
地将标签的信息设置得更加夸张一些，选择当前流行的网络日常用语，不
仅能够吸引粉丝的注意力，还能够拉近与粉丝之间的距离。

值得注意的一点是，微信公众号运营者在设置朋友圈个人标签时，要
注意个人标签与公众号的名字、头像保持相互匹配，这样不至于让微信公
众号在朋友圈中显得过分突兀。

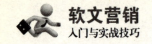

8.1.2　产品文案是关键

一个成熟的软文营销策划人员，想要利用微信朋友圈进行软文营销，做好产品文案工作是必不可少的环节。软文营销当中最为重要的环节就是软文的编写质量，产品文案做到位，不仅可以引导潜在客户进行购买行为，还能创造有利的外部售卖环境。软文写手怎样撰写产品文案，并且在朋友圈进行推送呢？需要关注以下几点。

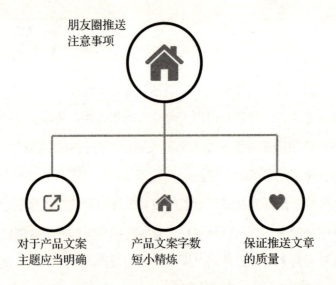

首先，软文在编写前，应当对于产品文案的主题进行明确。文案的主题一定要突出。不同于长期的广告投放，朋友圈中的人多用户都是着眼于生活，如果文章的标题、主旋律无法在一瞬间吸引他们的目光，他们则会无视这条推送内容。所以在朋友圈进行软文推广的过程中，主题需要鲜明，能够让用户一看到标题就心知肚明。软文写手可以在撰写文章主题时，使用一定的强化符号，提醒读者注意重点内容，以此有效地留住粉丝群体。

其次，产品文案的字数通常需要控制在 140 字左右，在推广时能够更加精准地让用户了解文章推送的意图；同时，这样的推送方式十分符合大众读者的阅读习惯。

最后，一篇文章是否能够吸引用户归根结底是其内容是否有足够的吸引力。产品文案内容要用最为精简的短语，能够一次性将该产品的所有特征全部表达出来。软文写手在进行文章编写时，注意不要将话说尽，要保留一些空间给读者讨论，制造出可以讨论的点，这样更容易产生粉丝自发的传播效果。

8.1.3 图片发送

微信朋友圈进行软文推广不同于其他平台，在朋友圈进行软文营销的运营者很多都会选择在朋友圈刷图、或者用二维码对公众号中的文章进行推广。但是，很多运营者会忽视图片的推送的重要性，导致所发的图片不是显示不清就是过于夸张，让朋友圈中的用户看到之后产生误解，很容易就会对所推荐的公众号以及其中进行推广的产品产生质疑，导致用户产生反感情绪。

一个经验丰富的朋友圈软文推送人员应该注意的问题有以下几点。

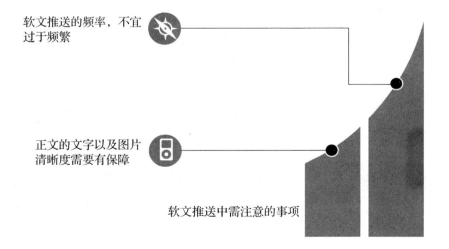

软文推送的频率，不宜过于频繁

正文的文字以及图片清晰度需要有保障

软文推送中需注意的事项

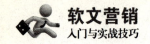
1. 频率

在朋友圈推送图片的频率一定要适当，绝不是越多越好。根据一般经验来说，通常一天发送五条左右的图片信息进行公众号推送即可，如果不断地刷屏会引起朋友圈内好友的反感。

忽多忽少也同样容易引起好友的厌恶，因此，公众号运营者在朋友圈进行图片推送时一定要把握好频率，做到适当适时发送图片，以提升在用户心目中的关注度。

2. 清晰度

很多时候，我们会在朋友圈看到某个运营者运用推送图片的方式进行公众号推荐，但是所发出的图片大都模糊不清，有些甚至无法识别。这样的图片推送是没有意义的，同时还会受到朋友圈好友的排斥。

运营者所选择发送的图片一定要有较高的清晰程度和辨识度，这样才能够给好友留下一个较好的印象。产品图片足够清晰也能够更加容易让好友了解产品，从而产生购买的欲望。相反，如果所推送的图片、二维码比较模糊，就无法让人产生足够的信任感，即便有意了解也会丧失点进去的性质。

8.1.4 互动交心

所有朋友圈就是拥有共同好友的朋友们一起建立起来的圈子，在这个圈子里，大家可以畅所欲言、分享生活，所以，在朋友圈中一定少不了沟通和互动，这也是微信公众平台的本质所在。

无论是谁关注谁，彼此之间都可以建立起朋友的关系，这样一来可以增加信任感；只有和用户之间产生了信任感，用户才会放心购买或是点进所推荐的内容当中。运营者为了不辜负用户的信任，会更加注重推送的内容、产品的质量等，更加致力于满足好友的需求，从而建立起长久、稳定的关系。

借助朋友圈进行推广的运营者平时可以多与朋友圈中的好友进行互动，讨论大家共同感兴趣的话题以引起更加广泛的关注和传播，不仅可以拉近彼此之间的距离，还能够为公众号进行一次免费的宣传。

除此之外，运营者平时还可以通过私聊和点赞来与好友建立起更加稳固而友好的关系，这样一来在公众号需要进行推广活动时会更加有针对性，宣传推广效果也会更加明显。

8.2　微信小功能让推广更到位

应用微信进行营销推广的过程当中，要知道其中的一些小功能，使用其中的小应用，可以有效地将所要推广的微信公众号或者产品发布到更加广阔的用户群体当中。经验丰富的运营者自然不会放过这样的推广机会。其中，最为有效的三种小功能包括：微信"摇一摇"、微信"漂流瓶"、微信"附近的人"。

善用这三种微信中自带的小功能，能够让软文推广效果更加到位。

8.2.1　摇一摇，将广告送出去

"摇一摇"作为微信中最实用也是最有趣的一项小功能，始终受到微信用户的喜爱。

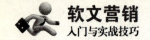

微信推出的"摇一摇"功能操作十分简单，所有用户只要摇动自己的手机，就可以匹配到附近甚至更远的地方同一时间摇手机的用户，制造了巧合，让很多用户感受到"缘分"。要知道同样在摇手机的人有可能就在我们的身边，也有可能距离我们十万八千里。正是这样的不确定性，勾起了大家的好奇心，也为公众号运营者带来了商机。运用"摇一摇"功能进行推广时需要注意以下两点。

在微信中，使用"摇一摇"的这一功能，仍旧要有创意，否则即使能够"摇到"用户也难以将公众号软文或者产品推广出去。因此，运营者在利用"摇一摇"进行软文推广时，一定需要注意活动的创意性。由于"摇一摇"本身就带有一定的游戏意味，所以越有创意的活动用户的参与度越高，参与的人数逐渐积累，公众号的推广效果自然就会越好，软文的影响力自然越来越大。

除了利用"摇一摇"这项功能的创意性以外，运营者还应让活动有一定的意义，除了功能好玩、吸引人之外，还要让用户看到参与者带来的实在"好处"。例如，在设置活动内容时，可以添加各种奖赏信息，一旦用户通过"摇一摇"小活动关注公众号并且分享文章，便有机会参与抽奖。给用户"福利"，这样一来很容易会吸引更多的用户前来参与，对于公众号的曝光率来说有一定的促进作用。

8.2.2 漂流瓶，软文会飘到哪里

借助微信营销进行软文推广的过程中，"漂流瓶"功能是一个十分有效的推广、传播渠道。因为在微信中的"漂流瓶"这一功能没有地域的限制，同时不像"摇一摇"功能的巧合性更大。"漂流瓶"这一功能能够将全国各地的人机缘巧合地联系在一起。

现在很多离不开手机的年轻人非常喜欢微信中推出的"漂流瓶"应用，公众号运营者便可以借助这一特点将自己的软文推广出去，这项功能成为了公众号推广引流的利器。

那么，具体通过怎样的方式利用"漂流瓶"进行推广呢？推广过程中需要关注以下两点。

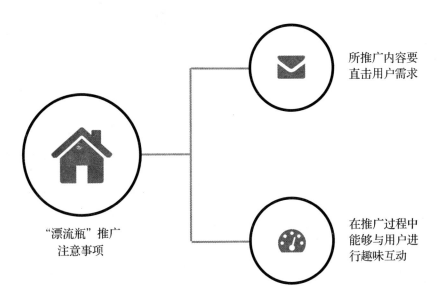

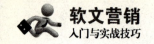
1. 内容直击需求

微信"漂流瓶"功能中，所能够填写的文字数是有限的，因此，在利用该功能进行推广时，运营者应当注意，在"漂流瓶"中所填写的内容信息一定要直击用户的需求，要在寥寥几句话语中将自己的信息推广给用户，要能够做到精准地击中读者的需求。

2. 进行趣味互动

由于"漂流瓶"这一功能不受地域限制，所以运营者在进行宣传的时候可以在文案中增加一些互动性和趣味性内容，这样可以将活动宣传到全国各地，以此加大自己公众号中文章内容的宣传力度，同时还有助于提升品牌的认知度和知名度。

但是需要注意的一点是，微信中"漂流瓶"功能每天限制发放的内容，能够投放的数量是极其有限的，建议软文推广者能够修改瓶子的参数，以此来提高信息被打捞到的概率。

利用微信"漂流瓶"这一功能，招商银行开启了"漂流瓶"营销的先例，而且效果奇好，成为一个使用该功能推广品牌的成功典范。

招商银行在其信用卡中心微信平台上，已经能够实现用户办理信用卡申请、账单查询、个人资料修改等大多数信用卡业务，并发送用户的交易信息。据了解，招商银行的订户数超过100万，每天用户产生的消息量以十万计。

招商银行曾利用微信"漂流瓶"功能发起了一个慈善性质的营销活动，即为自闭症儿童募集善款，一时间受到了广泛关注。招商银行设置的瓶子叫"爱心漂流瓶"，扔出后，被微信用户捡到。

公益活动期间，微信用户用"漂流瓶"或者"摇一摇"功能找朋友，就会看到"招商银行点亮蓝灯"，只要参与或关注，招商银行便会通过

"小积分，微慈善"平台为自闭症儿童捐赠善款。和招商银行进行简单的互动就可以贡献自己的一份爱心，这种简单却又可以做善事的活动，颇为吸引人。

为了搞好这次创意活动，招商银行还专门通过微信官方对"漂流瓶"参数作了针对性的调整。例如，对时间的设置，让时间更集中，使用户"捞到"招商银行"漂流瓶"的几率大大增加；在内容设置上也注重多样化，增强用户参与的积极性。整个活动中，参与的用户每捡10个便有1个是招商银行的"爱心漂流瓶"，可见，招商银行在这项看似不起眼的策划中是下了大功夫的。

招商银行的这次活动主题在于献爱心以及与用户互动，运用"小积分"的方式，让群众的参与积极性提升，同时树立了企业的积极正面形象。活动中还加入了语音功能，无形中增强了企业的亲和力与公益性，为招商银行今后推广自身产品、服务打下了坚实的基础。

8.2.3 "附近的人"可见

作为一款现代人最常用的社交工具，微信有个功能"附近的人"。因为大家都有一种心理，抱着好奇心探索周边的人群。利用该功能进行定向营销，这其中隐藏着一个意想不到的商机。

微信"附近的人"是移动互联时代智能终端基于位置信息进行营销的一次绝佳实践机会。运用这种方式可以精准、快速圈定周边可以到达本店的群体。如何具体运用"附近的人"功能达到推广、引流效果，也是软文策划者应当了解的。利用"附近的人"这一功能进行推广需要关注以下几点。

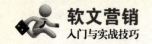

1.利用头像、签名

公众号进行软文推广过程中，微信的头像要使用企业或者公众号的Logo，这样有利于提高信息可信度。个性签名务必简洁、精炼，字数受微信本身限制。

头像和签名是他人认识企业的第一途径，第一印象的作用就在这个时候展示出来了。头像和签名要和企业文化相近，最好能同自己的目标客户产生共鸣，无论是色彩还是其他设计上都能让人好奇。

"附近的人"带有签名栏，软文推广时可以利用签名栏区域将产品优势、特点展示出来，达到推广目的。

2.挑选适当的定位时间

利用"附近的人"进行推广时，一定要选择用户活跃度高的时间，这样广撒网才能够找到更加精准的用户群体。一般情况下，在中午和傍晚的这两个时间段之内，用户的活跃程度最高，在这个时候利用"附近的人"进行推广自然可以收获一大批用户的关注。

3.学会转换地点定位

微信营销推广者在运用"附近的人"进行推广时，可以尝试经常在人群密集的地方打开定位功能，从一个位置转移到另一个位置，虽然发生了位置移动，但是定位信息仍旧会在之前的地方保留一段时间。

想要有效推广就需要在不同的地方发布消息，那么多选择一些人群密集的位置发布信息是最佳的选择。

8.3 公众号软文写作的五大实用技巧

当软文之风席卷微信朋友圈，很多网友早已迷失在软文的世界，被软文的春风化雨、润物无声所折服。相较于硬广的直抒胸臆，软文好似绵里藏针，收而不露，克敌于无形，常常让人在不知不觉间就被感化、被引导、被折服。不少企业纷纷通过软文提升自己的品牌形象，扩大品牌影响力。

近年来，随着国家对创业政策的鼓励与支持，国内掀起了大众创业热潮，市场竞争进入白热化，各家创业公司纷纷想要通过企业微信公众号来推广、提高自己的品牌知名度。无疑，通过公众号发软文成了最佳的选择。

但是，形态各异、百花齐放的软文世界里哪一种或几种才适合创业型企业呢？在本节就和大家聊一聊企业微信公众号软文写作的几个小技巧。

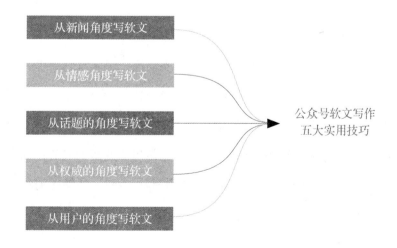

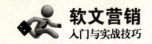

1. 软文写作技巧一：从新闻的角度写软文

从新闻的角度写软文指的是站在新闻媒体的角度，以第三方新闻媒体的角度来报道某件事情，是在正规的新闻形式里面穿插广告。新闻形式可能是报道某一种新的产品，但是写作的形式让人感觉它是站在客观的角度来写，只做一些叙述和评论，这样容易让人产生信任感，不自觉地就把产品形象印在了脑海。

针对有第一手资料的企业而言，不妨进行客观的新闻报道，活动、任务专访都可，这不仅让消费者减少排斥感，更避免了广告之嫌，可谓一举两得。

例如，越来越多的企业开设了官方的微信公众号，运用公众号发布企业的相关服务、产品等信息，从官方的角度进行文章的展开，更加具有真实性和权威性。

2. 软文写作技巧二：从情感的角度写软文

人是有感情的高级动物，感情是最容易改变用户行为决定的因素。举个生活中简单的例子，徐闻菠萝滞销，最低 0.12 元一斤都无人问津，网络商家支援农民销售活动的软文在网络上发帖，短短一天时间，就卖了60 万斤滞销菠萝。这就是软文中情感的力量。

所以，软文写手在编辑软文的时候，不妨抓住用户情感需求，动之以"情"、晓之以"产品"，必然会取得意想不到的推广效果。

3. 软文写作技巧三：从话题的角度写软文

网友们上网最喜欢看什么？自然是与日常生活紧密相关的热点事件的追踪，所以，各种热门话题就可以拿来好好利用一番。从话题的角度创作软文时需要注意的事项有以下两点。

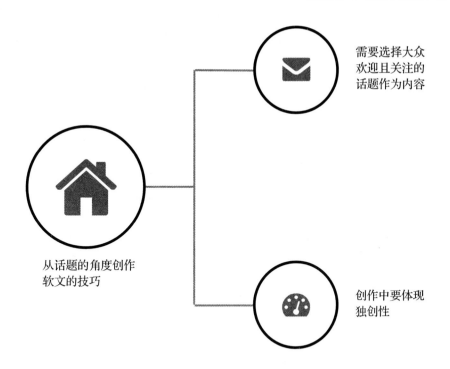

需要选择大众
欢迎且关注的
话题作为内容

从话题的角度创作
软文的技巧

创作中要体现
独创性

在写软文之前，软文的题材要选择比较受大家欢迎并且受大家关注的内容，跟紧热门话题是很重要的。如果在写软文的时候，能够对这类热门话题事件进行二次挖掘，并结合自身的优势加以融合，其推广效果不言而喻。

软文创作过程中要体现独创性。软文写手在编撰软文的过程中，不要将读者当成"傻子"。用户不喜欢看到千篇一律的内容，如果在文章中能够穿插加入写手自己独特的视角以及想法，更加能够激起读者的讨论激情。

4. 软文写作技巧四：从权威的角度写软文

对于消费者而言，权威数据、权威专家、权威机构等有天然的吸引力和信赖感，此时不妨可以用某某权威专家、某某权威报告来背书。从权威的角度写软文有以下两点注意事项。

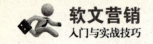

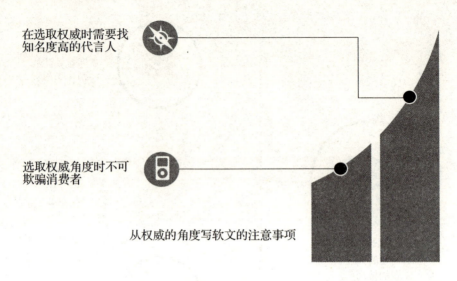

在选取权威时需要找知名度高的代言人

选取权威角度时不可欺骗消费者

从权威的角度写软文的注意事项

在选取权威时需要找知名度高的代言人，这样不仅可以增加权威性，更可以让消费者产生信任感。

但是，在选取权威角度时，软文写手千万注意，万万不可欺骗消费者，如涉及到具体的数字或人名可以进行模糊处理。

5. 软文写作技巧五：从用户的角度写软文

从商家营销的角度来讲，现代社会无疑已经进入到了一个体验为王的时代，商家营销的方式已从吸引消费者眼球，转变为满足消费者体验。软文写手在撰写软文时，不妨置身于用户的角度，通过用户的口吻，具体介绍产品的作用、使用感受，甚至可以对同类产品进行评价，最后再引出所要宣传的产品或服务。

不管是从品牌传播成本的角度考虑，还是从品牌传播效果的角度考虑，软文无疑都是性价比最高的一种推广方式。不管文章从那种角度去写，软文写作都是需要一定的知识和写作功底的。软文写手自身应当阅读更多的书籍来充实自己，同时光想不练也是不行的，从记录身边的事情开始，坚持写作。没有人一出生就会写文章，熟能生巧。

8.4 拒绝自娱自乐

无论个人还是企业，在微信公众号的运营中普遍存在自娱自乐现象：公众号软文能蹭的热点都蹭了，粉丝量就是不见涨；能抖的机灵都抖了，用户活跃度就是不见升。

这单单只是因为没有从用户角度考虑吗？那么本节就简析软文自娱自乐的这一现象。

8.4.1 何为软文自娱自乐

很多软文写手存在这样一个误会：以为吸粉就是吸引用户注意力。带着这样的误会，任凭软文写手们如何绞尽脑汁想标题，费尽心机蹭热点，到头来却发现仍旧是竹篮打水一场空，从头到尾是自娱自乐。

用户可能会被暂时吸引去浏览文章，搜索公众号相关信息，甚至转发这篇文章，但就是不愿意成为公众号的粉丝。为什么会出现这种现象？借助时下最通用的用户决策分析模型（AISAS 模型），让大家更好地理解和识别自娱自乐型公众号。

Attention	Interest	Search	Action	Share
看到一个 感兴趣的标题	文章内容 引发兴趣	搜索 公众号	点赞或 评论文章	分享 文章

Attention：腾讯官方数据显示，80% 的微信用户通过朋友圈看文章，这也是公众号增加粉丝的一个主要渠道，所以我们把公众号用户决策的起点定为"（在朋友圈）看到一个感兴趣的标题"。

Interest：如果标题够有吸引力，用户会点击进入文章，进行阅读。

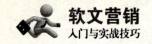
Search：文章内容和排版引起了用户兴趣后，用户会搜索并查看公众号相关信息，例如名称、简介、历史文章等。

Action：用户结合搜索到的所有信息，对公众号进行综合评判，决定是否关注。

Share：当用户体验非常好的时候，用户会向其他人分享公众号或公众号文章。

8.4.2　标题党的自娱自乐——三大逃跑点

在"自嗨"型标题党中，通常有三大逃跑点。

1. 逃跑点 1：内容和标题不符

内容与标题不符是标题党的通病，也是导致用户逃离的重要原因之一。

拿曾经很火的一个标题举例。《震惊！著名 LOL 玩家和 DOTA 玩家互斥对方不算男人，现场数万人围观》，点进去一看，原来是周杰伦和林俊杰合唱《算什么男人》，而周杰伦和林俊杰正好都是游戏玩家。

这种形式的标题会让读者产生强烈的被欺骗感，从而对整篇文章所要传递的信息产生厌恶情绪。

2. 逃跑点 2：内容不够吸引人

另外一种情况同样容易产生读者逃跑点，那就是文章内容不够吸引人。一些文章标题写得很有吸引力，内容和标题也挺贴合，但文章内容本身存在问题。例如，文章深度不够，专业程度不够，角度不够新颖，原创度不够等。

想要让内容吸引人，一定要充分发挥自身优势，找到新颖的切入点，搜集丰富的素材。以曾经大热的电视剧《人民的名义》为例，看看如何写这个话题才能吸引人。例如，微信公众大号"毒舌电影"结合对《人民的名义》这部影视行业的专业了解，对剧中"各种刺眼台词"做了深入剖析，有趣又有料，不给读者留下任何"逃跑"的机会。

3. 逃跑点 3：历史文章问题

许多用户刚开始关注某个微信公众号时，第一件事便是查看公众号内的历史文章列表，这有助于他们了解公众号一段时期内的运营情况。用户最终决定关注的公众号一定是能持续稳定地为用户输出某种类型的价值。

历史文章太少，发文时间不稳定，都会让用户产生不信任感，从而做出"不关注"的决定。历史文章主题不一致，或与功能介绍的定位不一致，会让用户产生"该公众号定位不清晰"的感觉。

如果当初吸引用户的文章足够好，用户会分享文章，但会跳过"Action（关注）"环节，这也是为什么很多 10 万＋的文章并不能为公众号带来大量粉丝的原因了。

第九章

微博软文，140 字也可以有大作为

微博是当下最流行的社交软件，其中包含着各个年龄段的潜在用户。在微博这一平台进行软文推广已不再新鲜，但是如何能够在微博有限的 140 字中将软文营销发挥到极致，这还需要软文创作者的不断琢磨。

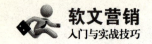

9.1 解密优秀微博软文营销案例

9.1.1 故事营销

成功案例：野兽派

运用微博软文营销成功的案例中，"野兽派花店"可以说是较为成功的一个品牌，这个名字被很多文艺青年所熟悉。

起初，这家花店没有实体店，没有网站，甚至没有淘宝店，仅凭微博上几张花卉礼盒的实拍照片和微博限定的 140 个字的文字介绍对自家的花艺进行宣传。从开通微博到现在，野兽派花店已经吸引了超过几百万粉丝，甚至连许多演艺界的明星都是它的常客，当红小生刘昊然更是成为了野兽派花店的品牌代言人。

为什么传统简单的花店生意会有如此新鲜的生命力？为什么能够在微博营销的大环境中脱颖而出？答案就是，野兽派花店不仅仅是在卖花，更是在卖故事。

2011 年年末，顾客 Y 先生在野兽派花店订花，希望能表现出莫奈的名作《睡莲》的意境，可是当时并没有合适的花材进行创作。几个月过后，野兽派花店的店主兼花艺师 Amber 想起日本的地中美术馆，从中获得灵感，做成了后来野兽派花店的镇店作品之一——"莫奈花园"。

与其他花店不同的是，野兽派花店倾听客人的故事，然后将故事转化成花束，每束花因为被赋予了丰满的故事而耐人寻味。这其中，有幸福的人祝自己结婚周年快乐的、有求婚的、有祝父母健康的、有纠结于暗恋自己的男同事的……在日复一日的寻常生活中，阅读 140 字的离奇情节，也成为粉丝们的一种调节剂。

野兽派花店所选用的花束绝不是市场上常见的，这些进口花卉品种经过精心雕饰之后，针对不同的人群、送花与收花人的心境、起上颇有文艺范儿的名字，包装完成的花束，只在微博上出售。顾客也都是花店的粉丝，在微博上通过私信下订单，客服通过私信回答顾客的问题最终达成交易。

和传统的花店相比，野兽派花店绝对算得上花店中的奢侈品品牌。野兽派出品的花卉礼盒少则三四百元，多则近千元，然而即使是如此高的价格，仍然有众多顾客追捧。

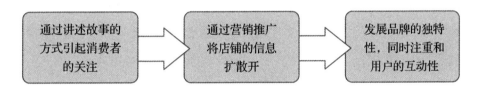

案例点评：野兽派的花艺在花艺圈绝对不算是最顶尖的，野兽派的成功主要源自于其故事营销。对于许多花店粉丝来说，成为故事的男女主角，围观寻常生活中有趣的细节，已经成了一种买花之外的附加值。野兽派的成功告诉所有软文写手，原来软文营销还有这样的一种经营方式，利用微博的病毒式的故事传播免费获得大量的潜在客户，而动辄几百上千元的礼盒保证了产品的基本毛利。这完全颠覆了传统营销手段中刺刀见红般拼价格的悲催局面。在整个营销环境当中，所运用的平台甚至只有一个微博，只要受众愿意分享自己的故事，其他的一切推广手段都是浮云。

这样的案例还包括了微博网红蛋糕店、网红奶茶店等。例如，此前在微博上十分火爆的温州蛋糕店则是效仿野兽派这种微博营销模式。该蛋糕店擅长根据读者所提供的心境和生活制作独创性蛋糕，并且没有实体店，

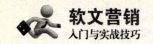

完全通过微博下单。这家蛋糕店的一切产品都是限量销售，周一制作提拉米苏主题蛋糕，周五是黑森林蛋糕，诸如此类。就是这样一家蛋糕店，每天订购的客户络绎不绝，蛋糕一度供不应求，很多用户甚至主动要求上门取货，以得到最新鲜出炉的蛋糕。

9.1.2　利用 APP 带动

成功案例：蘑菇街

现在，市面上出现了越来越多的商品导购、推荐类应用，消费者进行购物越来越多地倾向于通过推荐类应用平台，如小红书、美丽说、蘑菇街等。其中，蘑菇街作为社会化导购的领军企业，起初则是完全依靠微博和其他的社会化媒体平台推广起来的，并且赢得超高的知名度。

在一份网络大数据分析中显示，蘑菇街每天大约可以通过新浪微博平台免费引入新用户 8 万流量，在全平台中可以带来总数约 20 万的流量。应该说，蘑菇街在利用社交媒体引导粉丝流量方面相当地敏锐也相当地成功，是利用微博营销的成功案例。

蘑菇街在崛起的初期敏锐地捕捉到了"王功全私奔"的这个热点。当时，蘑菇街快速地推出了一个"私奔"题材的 APP。起初，用户点入APP 中，进行一系列小测试便可以查看相匹配的异性朋友私奔率。这款APP 在刚推出时反应寥寥，对于这样的测试用户早已少见多怪。于是，蘑菇街将 APP 中的私奔朋友性别由异性改成了同性。

用户做完测试后，发现居然自己和一个同性朋友私奔了，顿时便对结果展开了讨论，并且将测试结果和吐槽发布在微博上。随着讨论的用户越来越多，该款 APP 迅猛病毒式地传播开来。蘑菇街一战成名，获得了大量的关注度和粉丝，从而获得了盈利。

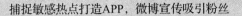

案例点评：蘑菇街是极其善于抓机会的企业。除了"私奔"体之外，蘑菇街还曾经利用微博初期第三方应用的缺陷，让用户必须强制关注后才能查看答案。蘑菇街给创业者彰显的最大意义在于其成功地横跨了淘宝、微博、腾讯三个平台。在巨头的夹缝中，利用巨头自己生态体系的不兼容，而游走在三大巨头之中。这是相当聪明的做法。既然初创公司无力创造生态体系，那为什么不去利用现有的生态体系呢？

9.1.3　紧抓热点

成功案例：创业家杂志

微博上拥有200万＋粉丝的杂志微博"创业家杂志"可以说是一个经营相当成功的媒体微博。在纸媒难以盈利的年代，创业家杂志运用微博营销，创造出了一个又一个的销售神话。2012年"双十一"期间，创业家杂志的社长牛文文发起的创业家杂志团购接力活动，总共卖掉了1万本以上的创业家杂志全年订阅，一举成为纸媒业界佳话。

创业家杂志的成功是基于微博内容经营和杂志内容经营分开。杂志的内容采编运用的是传统的媒体采编流程。大部分的传统媒体开微博，都围绕着自身的采编流程和内容体系来经营，这事实上束缚了自己的手脚。微博无论是采编方式，还是传播方式都和传统媒体迥然不同。微博营销需要时时刻刻紧跟热点，只要抓住热点，就可以获得高传播率和美誉度。

在创业家杂志曾发布一篇名为《一个小老板的日常管理》的文章中，运用和普通财经类文章迥然不同的文风，向初级创业者轻松地讲解了企业家管理日常，当天转发便超过了 5000 次，后续跟进的连载也受到几十万粉丝的追捧。

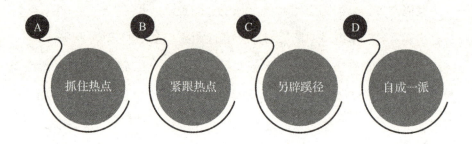

案例点评：创业家杂志的成功主要就源于其能紧抓时代热点，分清普通媒体与新媒体之间的差异，另辟蹊径，逐渐形成规模。

9.1.4 微博口碑传播

成功案例：海底捞

"海底捞的服务员怎么跟屈臣氏似的！不对！跟我老妈似的！"此前在微博上，这条博文被转发了 50000+ 次，可能是一个无心之举，也有可能是推手为之。不过很明显的是，海底捞抓住了这个机遇，在一定程度的传播后，迅速有更专业的公司介入到了营销传播，打造了"人类已经无法阻挡海底捞"的广告语，乃至出现了"海底捞"体。

网民的自发参与制造段子，在更多程度上传播了海底捞的品牌，这恐怕是海底捞没有想到的。

海底捞抓住了机会，不断地推行这种有趣的活动。例如，如果消费者孤身一人前往海底捞吃火锅，那么餐厅的服务员便会贴心地在座位对面摆放一个玩偶陪消费者一起吃饭。

这样的创意活动，以及从始至终的优良口碑，使得海底捞火锅常常会因为一些让用户出其不意的服务而登上微博热搜榜。

提高服务的质量，增强用户的满意度

利用用户的优良口碑，对产品进行推广

案例点评：口碑式营销是一种有效的适合自媒体传播的网络营销模式，微博等媒体平台的亲密性能够拉近商家和用户的距离。在"海底捞"体的盛行下，海底捞的品牌知名度得到极大的扩散。产品和服务优秀才是王道，好口碑自然会被用户所传播。总体来说，海底捞的服务依旧是超出绝大部分同行的水准。从这点上来讲，海底捞是非常成功的。

9.1.5 垂直微博

成功案例：黄刚物流

在物流这样一个垂直领域，黄刚能在一年时间做到15万的粉丝，成为微博物流行业的老大，是非常值得称道的。

黄刚还拥有"物流头条""中国供应链"等多个微博账号，形成了一个微博矩阵，一共拥有近百万粉丝，从而可以综合性地给客户提供各类一体化的专业服务。比如他发一条微博招聘广告，在帮助客户发布后两小时内，有400个简历投递，可见其号召力。

不仅如此，黄刚还可以在微博中为行业客户进行植入式传播。比如通

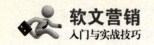

过分享德邦物流的一个企业文化故事，有效地提升了德邦物流在行业的影响力，让大众认识到了德邦独特的企业文化。

黄刚已经当之无愧地成为微博物流圈的领军人物。他的微博经营得非常成功，既有专业性，又不乏趣味性和故事性。他一条关于星巴克APP营销的微博，转发了 4.5 万多次，其单条微博的浏览量能够达到 10 万次。

深扎垂直领域　　　利用微博进行　　　为垂直行业客户
做到精通　　　　　文章推广　　　　　提供植入式传播

案例点评：通过微博建立线上的影响力，然后再通过咨询、培训等方式变现，这是自媒体时代一个非常自然的选择。在垂直领域做到持续发布文章，能够收获的用户数量是十分可观的。

9.2　140 字，内容需策划

现在网上到处都可以看到宣传做软文营销的，如果你想做好网络营销的话，那么软文就是其核心了，几乎任何行业都可以应用得到。微博软文究竟该怎么写？怎么才能在 140 个字以内，用简短的文字把所要表达的话说出来？这就对微博软文撰写人员提出了更高的要求。

企业及商家想要运行好微博软文营销，一定要将内容的定位做好，才能发出一篇好软文。微博软文营销的内容应该从以下几个方面入手。

9.2.1 以产品为中心

很多企业及商家为了博取受众的关注，通常会为某些产品编写一些故事，用来与用户分享。但故事不能脱离产品的真实性，否则容易引起用户的反感。

同时，微博的内容要具有关联性。微博上的每一条内容都要尽可能和企业及商家的行业相关，和用户群体的属性相关。用户之所以会关注企业及商家微博，肯定是对企业及商家的某个产品、品牌等相关的内容感兴趣。若长时间发布一些与企业及商家不相关的消息，肯定会失去一部分关注度。

9.2.2 依靠热点，借力打力

微博软文该怎么策划？如何借力打力？有时候与其费尽心思策划还不如借势营销一把，其中运用最为出彩的要算杜蕾斯品牌。每当热门事件出现时，优质文案营销中一定会有杜蕾斯的身影。

在这样的一个新媒体营销时代，最好是不要花大精力去做什么大策划，也不要指望一个大策划会很快赢得口碑。树立品牌，建议还是时刻注意热点事件，快速制作出微策划文案，快速发布；如果发现有传播势头，马上引入资源引爆它。

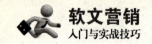

比如说，很多人都会看到加多宝的成功案例策划，却没看到加多宝是多面下注、全方位布局的。热点可以按照以下顺序去进行。

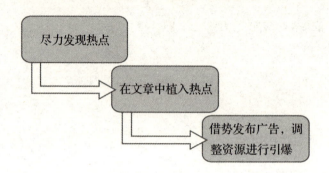

尽力发现热点，然后植入热点，再借势发布植入广告，最后调整资源进行引爆，这样就达到了推广、宣传的目的，品牌得到了曝光，也不至于招来网民们明显的反感。

9.2.3　内容多元化

有的用户喜欢看视频，有的喜欢看长篇文字，而有的则喜欢图片，所以，企业及商家在做微博营销软文内容时，要尽可能多地为用户提供多样化的内容格式，能做成图片的做成图片，能拍成视频的拍成视频，能写成比较长的文字的也需要写出来，让不同的用户各取所需。

微博软文最好以一种活跃的气氛出现在读者面前，才能引起读者的注意。如今最火爆的微博展现形式就属于"视频＋文字""图片＋文字"了。例如，秒拍 APP 如今在微博上被广大博友们使用，每当博友发布用秒拍拍摄的视频时，就会在文字后出现秒拍视频的链接，这无疑是给秒拍做了无数次推广，只要文字部分能够吸引人，就一定能获得不少的目光。

"图片＋文字"式的 140 字博文，需要在文字中说明图片要表达的是什么，要想办法使图片与文字搭配融洽，并且图片上还可以加水印，这样又可以多一个地方推广自己的产品。

9.2.4 段子必不可少

由于微博的字数限制，微博中衍生出最为火热的软文形式就是段子。企业及商家不能每天都发布产品信息，还应该用有趣的段子来吸引网民的注意力。

每个人都喜欢有趣的内容，有趣的内容不仅能够吸引更多的用户关注，还能获得更好的转发率，在短时间内能增加企业及商家的粉丝量。

企业及商家在微博发布段子时应尽量控制段子的数量，因为微博并不是因为段子而存在的。

9.2.5 形成个体风格

微博可以发布一些关于自身的文化介绍、公司员工的工作环境、业余时间的活动趣事等，让用户透过微博感受到企业及商家的一丝人情味儿，感受到它立体的存在感，同时让用户体会到在企业及商家微博背后是一群有血有肉、可爱风趣的人。

9.2.6 杜蕾斯微博软文营销技巧

新浪微博营销可以追溯到 2009 年。自门户网站新浪网推出新浪微博以来，由于其具备快速分享、交流，并且可以即时关注别人最新动态的特点，因此微博一经出现，就成为发展速度最快的社交平台之一，用户数量更是呈现几何级增长。

如此庞大的社交平台，自然少不了商家的身影，大大小小的企业纷纷开通微博，进行微博营销，这其中也出现了不少经典营销案例。下面就和大家分析一下最为知名的杜蕾斯微博营销技巧。其营销技巧主要有以下几点。

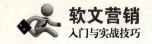

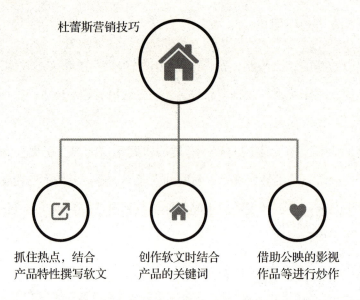

杜蕾斯营销技巧

抓住热点，结合
产品特性撰写软文

创作软文时结合
产品的关键词

借助公映的影视
作品等进行炒作

1. 抓住热点，结合产品特性撰写创意软文

微博的文字内容只有区区 140 个字，因此，微博软文必须做到小而精，要抓住用户的眼球。而如何吸引眼球，自然需要抓热门话题，像重大节日、突发事件等，并结合产品的特性。当然，如果文字充满幽默、诙谐、嬉皮，甚至有点出乎意料自然是最好。

杜蕾斯是如何抓热点的呢？据了解，杜蕾斯微博是由专业微博营销团队进行操作的。

首先，对于一些重大节假日，提前撰写创意微博软文。例如，青年节、光棍节等等，这些都是和杜蕾斯产品密切相关的节日，可以提前做预案，制作创意软文并及时发布。

如某年的五四青年节时杜蕾斯微博发布"听说今天是五次青年节，你们有什么想说的？"；"双十一"时的微博是"59 分 59 秒，2014 杜蕾斯天猫官方旗舰店卖出的套套共可拦截精子超 13600 亿"。这种案例举不胜举，杜蕾斯微博营销团队通过提前计划节假日的炒作，并在众多策划人的头脑风暴下，制造了一个又一个经典案例。

2. 结合产品的关键词进行创意软文写作

杜蕾斯产品的关键词有哪些呢？薄、大、精、深、快……所以根据这些特点，每当在一些热门事件后，杜蕾斯都会创作相关软文。

例如，2012年奥运会，刘翔旧伤复发，跨栏摔倒，但坚持走完全程。杜蕾斯微博："最快的男人并不是最好的，坚持到底才是真正强大的男人！"

2013年，光大银行出了一则乌龙事件，杜蕾斯借势发挥，发表"光大是不行的"，同样后面又出现了"薄，迟早要出事的"。

2014年当索契冬奥会五环变四环的时候，杜蕾斯借机发布微博："当别人都已草草了事，你还在坚持着，便被铭记。——冬奥会教给我们的爱爱技巧。"

与节假日炒作可以提前策划不同的是，热门事件往往不太容易提前把握，而且由于网络的发达，一个热门事件往往火不过一两天。这就要求撰写热门事件微博的写手们必须具有丰富的经验、对产品特性的熟悉，以及对热门事件的把握。

往往很多创意就来源于一瞬间，杜蕾斯营销团队某次在接受采访时表示，"最快的男人并不是最好的，坚持到底才是真正强大的男人！"这篇微博其实就在一根烟的工夫就想出来了，实际上在这一根烟工夫的背后，倾注了创作人多年的经验和心血。

3. 借助公映的热门影视作品进行炒作

韩寒的《后会无期》上映，杜蕾斯贴出如下微博："今夜，好戏上演……"；同时在其海报上还有很多经典话语，如："有杜杜就放肆，没杜杜就会克制。"

电影《一步之遥》上映，杜蕾斯官博放出了"一杜之遥"的海报，内

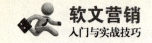

涵意思大家都懂的——"有了杜蕾斯,精子和卵子永远隔着一杜之遥。"

《变形金刚4》公映的时候,杜蕾斯微博:"#变形金刚4#不管男女主角换多少次,TA们依然在不厌其烦地保护地球。"

与前面两种方式不同的是,借势影视作品的炒作,除了需要文字的功力外,更需要有过硬的美编帮忙,双方协助,才能创作出经典的营销软文。

9.3 微博软文注意事项

企业及商家不要妄想刚进驻微博平台就能取得明显的影响效果。即使已经在做的企业及商家也应该认清自己的位置,找准合适的目标,巧妙地规避误区,才能在微博平台上开辟出一片营销天地。下面将分析微博软文中的注意事项。

微博软文的文案不能马虎

不要被转发数据蒙蔽双眼

不要局限于发布软文

微博不是营销的唯一选择

9.3.1 微博软文的文案不能马虎

微博软文的写作要具创意性,不管是文字软文还是图文并茂的软文或者微博活动，都需要创意的存在，而创意是需要企业及商家花足够的时间去巧妙构思的。

企业及商家应该尽量让微博软文给用户带来既有趣好玩又有利可图的感觉。最好，还要促使用户产生互动评论和转发，那样更能增加与用户的黏度和互动性。

微博软文营销创意产生后，就要开始注意信息的表达方式。企业需要注意帖子中的信息量及信息表达的清晰度，可以借助图像、音视频来配合帖子中的文字描述，而文字可以走幽默风趣的风格。

在写作软文的过程中，可以利用比喻、排比、夸张等修辞用法，以及标点符号和各类表情的利用，企业要认真地去考虑，精心地去构思。

9.3.2 不要被转发数据蒙蔽双眼

很多企业及商家认为，某条微博的评论数和转发数非常大，这条软文的营销效果就一定会好。虽然评论数和转发数是两个非常重要的衡量软文营销效果的指标，但是，有时评论数和转发数并不像表面那么真实有价值。

有时无价值的转发由以下两点情况产生。

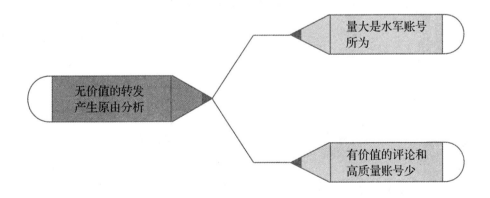

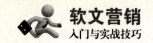

第一，量大是水军账号所为。有些企业将微博软文营销外包给营销中介公司来做，而这些从事外包营销的公司，可能会为了表面繁荣而采用大量的水军账号，这些账号的特点是粉丝数量相当少。

水军账号的存在只为企业及商家贡献了大量的表面粉丝，这些粉丝对微博营销的贡献相当小。若企业及商家想要获得真正的粉丝，还必须整治水军账号，谋取真正的粉丝转发量。

第二，有价值的评论和高质量账号少。软文需要注意质量，而所谓的质量，就是企业及商家在运行软文营销的过程中，要考虑评论中有价值的评论有多少，转发里是否存在高质量账号，高质量账号有多少，如果这些数据都很低，那么整个营销的效果则不算很好。

9.3.3　不要局限于发布软文

虽然软文营销是一种有效的营销手段，但是企业及商家可用的营销方式很多，软文营销并不局限于发布软文上，它是由很多小环节一环扣一环地组成的，并不是每天发布软文就算完成了微博营销任务。这样可能起不到任何营销作用。运营过程中需要关注如下两点。

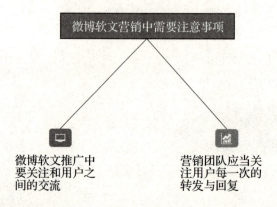

为了使软文营销成功，就必须与微博用户产生沟通和交流，必须要花

费足够的时间在与用户的互动方面。特别是营销软文引起了较多的关注，产生了较多的转发、评论或回复时，更要花时间来与用户互动。这样做既能维持和微博用户之间的感情，又能被更多的新用户看到。

进行微博软文营销时，一定要多花时间，用心去开展微博软营销，才能得以成功。营销团队成员的微博最好是全天候处于登录状态，用户的每一次转发与回复都应该看看，并挑选典型的问题进行回答。

9.3.4　微博不是营销的唯一选择

对于软文营销来说，微博只是一个平台，并不是唯一的推广渠道，连载文章或是发布软文只是其中的一种手段。相对来讲，微信这几年已逐渐成为更多企业及商家运营的平台。但是由于微信的封闭性，与好友人数的限制这点与微博还是有很大的差距的，所以对于企业及商家来说任何营销平台都不应该放弃。

第十章
多渠道软文推广

　　俗话说:"条条大路通罗马。"软文营销中有各种各样的渠道,单一的渠道能够起到的推广效果十分有限。在软文营销的过程当中,多渠道进行软文推广,能够使文章传播的范围更加广泛,受众的覆盖面积更大,起到的效果也更好。

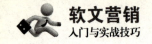

10.1 百度推广渠道

10.1.1 百度贴吧

百度推广平台是一款十分常见的粉丝引流工具，百度文库因为其较强的互动性和分享价值而受到了广大公众号及软文推广运营者的青睐。那么，应该如何运用百度平台进行推广？

百度中尤其是贴吧内，热门帖子的关注度非常高，根据这些热门的帖子进行一定的修改之后，投放到不同的贴吧当中，可以直接增加帖子的通过几率。在某些贴吧当中，还可以直接植入外链网址，以此达到引流的目的。

软文写手想要推广自己的文章或者公众号，平时可以在贴吧当中多发一些有价值的帖子，将自己的软文实力展示出来。原创类型的文章往往能够受到更多用户的关注，真情实感的文字能够产生较大的影响力和感染力。一篇文章如果能够带给读者有意义、有价值的内容，那么就能够得到读者的分享与互动，从而更增加了文章的热度。

10.1.2 百度 SEO 软文推广

SEO（Search Engine Optimization，搜索引擎优化）是网络营销的一种方法，其中软文的推广是 SEO 优化中的一个重要项目。常常听到新媒体运营者们谈论网站 SEO 优化，却很少有人说起软文的优化，似乎软文的撰写没有什么值得注意的，只有添加外链、关键词布局、营销型网站的建设才需要花心思去做。如果运营者现在还是这样的想法，那就大错特错了。

SEO 优化离不开高质量软文的帮助，而 SEO 软文推广也有一定的技巧和方法，并不是随便写写填充一下网站内容这么简单。软文和 SEO 结合会产生意想不到的营销效果，然而这需要写出满足一定条件并具有价值的文案内容来。

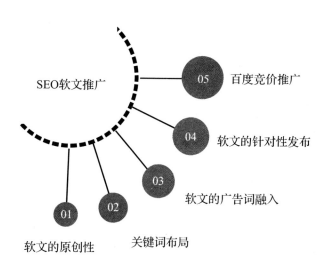

1. 软文的原创性

在进行 SEO 优化的过程中，软文要强调原创性，其原因是站内软文不仅要从网站内部引流，更重要的是从搜索引擎引流。百度等搜索引擎对排名最看重的就是原创程度。搜索引擎考虑的原创跟人工考虑的原创不一样，企业要做的就是让文章内容满足搜索引擎对于原创的搜索条件。

一篇原创类的干货文章，不仅搜索引擎喜欢，重要的是能吸引读者点击查看。只有通过读者自主性地转载、分享传播，才能够提高该篇文章的权重，在百度搜索引擎站内提升搜索排名。

在进行软文营销推广的过程中，持续不断地发布原创或适量伪原创类的干货类文章，或不断推广所发布的软文，那么文章在站内的排名自然会升高。

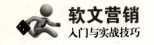

2. 关键词布局

一篇完全原创的软文，或者是通过伪原创改编后的文章，搜索引擎会给予比较高的权重，搜索这篇软文标题中的关键词，会显示出文章排名比较靠前。

网友在搜索引擎中查找相关信息，首先便会通过关键词进行筛选。要让更多的用户看到软文，企业需要布局引流词。先要考虑潜在客户会通常搜索哪些关键词来寻找产品或服务，这些关键词就是写软文时需要使用的引流词。一篇软文一般会确定一个主关键词，而软文的主关键词一般为长尾词。

插入的关键词最好不要相同，而是要选择类似的词语进行替换，这样做是为了防止被搜索引擎认定为作弊。布局关键词的目的是为了让搜索引擎知道软文的中心是什么，也是告诉搜索引擎企业想要哪些流量。

3. 软文的广告词融入

推广软文要引导读者关注企业的推广信息，或者广告的话，广告词的融入很需要技巧。要是融入得很生硬，不仅读者觉得是在打广告、硬性推广，也会让论坛、网站以及搜索引擎不喜欢，甚至产生负面影响。

4. 软文的针对性发布

制作好一篇软文后，首发一定要找权重高的网站，百度搜索引擎就是一个十分成熟的推广平台。首发的文章被搜索引擎收录后，运营者就可以开始群发软文。群发的时候也要注意，每篇软文最好标题和首尾段略作修改。

群发软文有以下两个好处。

这样一来，这篇软文的权重会非常高；权重高，那么其中设置的关键词在被搜索的时候，就可以在首页看到文章，可以引到大量的流量。

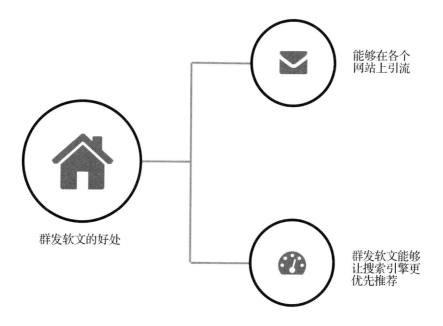

能够在各个
网站上引流

群发软文的好处

群发软文能够
让搜索引擎更
优先推荐

5.百度竞价推广

百度竞价推广是百度首创的一种按效果付费的网络推广方式，简单便捷的网页操作即可给企业带来大量潜在客户，有效提升企业知名度及销售额。要知道，每天有超过 1 亿人次在百度查找信息，企业在百度注册与产品相关的关键词后，就会被主动查找这些产品的潜在客户发现。

10.2　新闻网站软文推广

10.2.1　新闻网站推广的重要性

新闻网络推广就是以企业产品或服务为核心内容，建立网站，再把这个网站通过各种免费或收费渠道展示给网民的一种推广方式。网络推广的意义是利用低成本的网络推广方式把企业、品牌、产品更好地推广出去，让潜在客户大量地变成使用客户，并且能够形成良好的口碑。

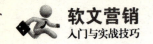

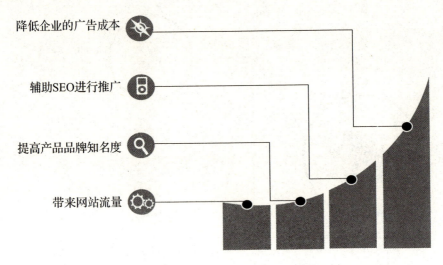

降低企业的广告成本

辅助SEO进行推广

提高产品品牌知名度

带来网站流量

新闻网站推广的重要性

1. 降低企业的广告成本

往往一般的网络广告的成本是非常高的，比如竞价虽然比较精准，但是恶评多，加大广告费用的耗损；硬性广告一般来说能获得较好的流量，但是针对的用户群体不够精准，而且广告的费用很高。

一篇或者一系列的软文的价格远比竞价或者说硬性广告的费用低得多，而且一篇好的软文会得到用户免费帮助转载，扩大软文的传播范围；同时，一篇好的软文会制造许多话题来引导别人讨论和产生共鸣，让用户主动接受企业的信息。

2. 辅助 SEO 进行推广

如果把软文发布到新闻源或者是权重比较高的网站上面，就会有机会在上面留下链接来指向目标网站，这样既可以提高网址的曝光率又可以增加高质量外链的数量，而且可以引导权重的传递。

如果在文章中合理地嵌入相关的关键词，可以增加被潜在用户搜索到的机会。

3. 提高产品品牌知名度

好的软文能够让读者不知不觉对企业产品或品牌产生好的印象，让广大读者相信产品的知名度，知名度有了，产品品牌效果也就体现出来了。

4. 带来网站流量

一篇优质的软文，可以为网站带来的流量是惊人的，而且软文所带来的流量的转化率往往都是比较高的，可以间接提高网站产品的销售量。

10.2.2　新闻网站软文的传播要素

在借助新闻网站进行软文营销时，需要注意以下几点内容。

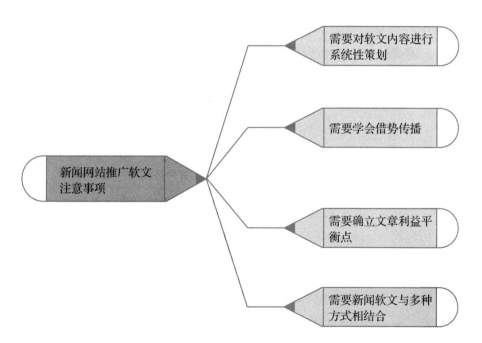

1. 需要对软文内容进行系统性策划

新闻具有突发性，但软文具有策划性，披着新闻外衣的软文也同样需

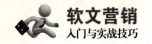

要系统地策划，而新闻可多角度解读的特性恰巧适应了软文的策划性。

根据软文营销目的进行策划，确定借热点事件的新闻软文、营销事件新闻软文和概念性新闻软文的节奏，以便不同类型的软文相互补充，形成传播阵势。

系统地策划不仅可以保证营销执行有序渐进，还可以预防传播中的风险。提前预知可能发生的风险，如历史污点再度曝光等等，做好危机公关的准备；对于无法预知的风险做好应急准备，以便危机来临时能快速响应。

2. 需要学会借势传播

事件新闻最具传播力，这一点毋庸置疑。所以说"没有新闻就制造事件，没有事件就制造概念"。事件传播在第六章已经详细讲解，这里不再赘述。

3. 需要确定文章利益平衡点

新闻软文是企业利益和媒体利益共同作用下的产物，虽然双方都有对新闻软文的利益要求，但双方的利益点通常并不一致。

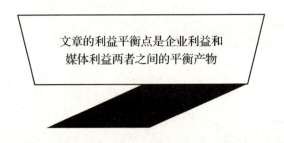

文章的利益平衡点是企业利益和
媒体利益两者之间的平衡产物

比如一篇新品发布会的软文，媒体需要的利益点是对行业大势的预测、对企业未来的预测等大方向问题，而企业则需要对产品功能、使用人群、使用场景等进行细微的解读。怎么平衡二者的利益非常关键。

这个平衡点的选择不仅仅是投入费用的问题，还有传播效果的问题。

媒体站在媒体平台受众的角度考虑，大方向的预测可能更适合受众的口味，适合受众的口味也就保证了流量；而产品的细微解读则是流量之后的转化率问题。也就是说，这个利益点的平衡还关系到怎么保证流量和转化率的"双高"。

4. 需要新闻软文与多种方式相结合

要想树立品牌形象和美誉度，需要新闻软文和软广、硬广、活动等多管齐下。新闻软文对塑造品牌形象有决定性的作用，但广告对维持品牌形象有决定性的作用。在这个快节奏的时代，品牌的热度只有一秒，如果没有紧凑的持续性工作，品牌很快就会被消费者遗忘。

举个例子，××品牌推出了新技术产品 VR，新闻软文描述得天花乱坠，读者相当动心。但当读者上网搜索打算购买时，却发现漫天的广告都是××品牌竞争对手的产品，甚至新闻软文所在的报纸第 5 版就是另一品牌的 VR 整版广告，这时恐怕就真的要"求读者和××品牌的心理阴影面积"了。

新闻软文传播就是通过媒体将写满传播价值的产品或服务"说"出去，"说什么"是个大学问，"怎么说""让谁帮忙说"也同样不可忽视，这是策略问题。

10.3 论坛软文推广

论坛作为最早出现的在线社区，拥有十分庞大的用户人群以及极高的活跃程度，即使在微博、微信等新兴媒体平台火爆的今日，仍旧有一大批网络用户聚集在不同分类的论坛当中。营销者想要借助论坛引流，则需要利用论坛中的手段。

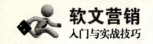

- 文章贴近热点，抓住论坛用户好奇心理

- 培养论坛"小号"，发布文章初期进行造势

- 了解论坛内发帖规定，防止被管理员删帖、屏蔽

10.3.1　贴近热点

大部分论坛用户都有围观热门帖子的心理，所以运营者可以在论坛中发布带有近期关键热点标题的文章，以此吸引周围用户的围观，再加以有价值的内容，可以做到引爆论坛的效果，引起更多人的积极讨论，以达到引流的目的。

所借助的热点可以是时事热点，也可以是八卦娱乐热点。具有娱乐性的内容一般会更加容易被人们所接受，因此，软文写手可以将文章写得更加具有娱乐精神，适当地添加一些八卦内容，为用户提供更加广阔的讨论空间，达到吸引眼球的目的。

10.3.2　培养论坛"小号"

在实际发帖之前，一定先要养 10 到 20 个论坛账号，注册完这些账号后轮流登录这些账号，积累发帖数目和在线时间，使每个账号达到能够发帖、回帖、修改帖子的权限。在这些账号中再重点培养几个发帖主号，这几个主号以后是发帖的主力，其他账号用来回帖顶帖。在软文投放的初期，可以借助这样的方式为文章制造热度。

10.3.3　了解论坛发帖规定

软文推广策划者在论坛中进行推广时，要了解该论坛的"游戏规则"。因为大多数论坛中设有管理员的职位，对每日发帖的内容进行审核，所以在论坛发帖时，文章意图不能过于明显，同时发帖内容要符合论坛的规定。

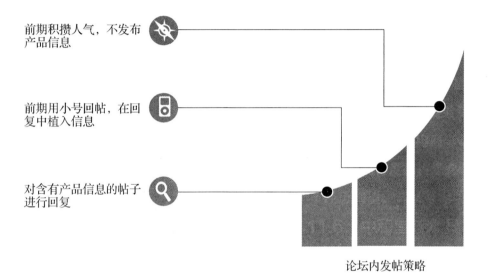

前期积攒人气，不发布产品信息

前期用小号回帖，在回复中植入信息

对含有产品信息的帖子进行回复

论坛内发帖策略

发帖策略一： 发表不含品牌关键词的软文时，前期逐渐靠文章内容积累人气；在帖子拥有一定浏览量之后，修改文章中的部分内容，使其含有相应的品牌关键词，减少文章内容违规的情况。

发帖策略二： 发表不含品牌关键词的软文时，需要用小号回复跟帖，在回帖中植入相应的品牌关键词。通过笔者长期观察发现，回帖越靠后，帖子被管理员删除的概率越小。当然，这样一来产品的曝光度也大打折扣。因此，回复的品牌关键词一定要显示在第一页，如果做在后页，将达不到品牌宣传的目的。

发帖策略三： 如果在所发的帖子当中含有品牌推广关键词，则要迅速让小号对该帖子进行回复。这种发帖策略一些大的网络营销公司也在使用。

10.4　多方面扩散途径

进行软文营销的途径有很多，在策划软文推广的时候要注意，不要局限于一个途径进行营销，而应该选择多种途径结合进行推广。下面，我们将简述软文营销当中应当如何把握多方面扩散途径，将软文进行有效推广。

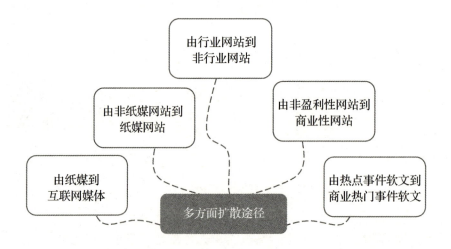

第一，由纸媒到互联网媒体。

虽然今天被称之为自媒体时代，但是信息传播往往是从小众到大众，人人都是自媒体，人人都是信息源，也意味着人人都难以产生有影响力和有深度的信息资源。

即使人们身处互联网的大环境，但是大多数有影响力、传播范围较广的信息，还是来自于纸媒。把纸媒作为软文的第一发布媒体，是很多企业选择的宣传方式。

大多数纸媒都拥有自己的网站以及电子版，而很多网站编辑采集的信息主要来自于纸媒。在纸媒发布的软文一般转载率都比较高，舍弃了图片，全部以文字形式呈现，或访谈、或书写企业文化、或者刊登用户评价等。

第二，由非纸媒网站到纸媒网站。

我国的报纸大多都有自己官网，并且大多也都是资讯类网站，无论是信息量还是信息质量，都远高于资讯类论坛。同时，这些网站几乎都是百度等搜索引擎的新闻源站点。

由此可知，在软文发布的时候需要重视这些纸媒的官网。这些纸媒为了获得高质量的文章，开通了两个信息入口：一个是网站的论坛，一些具有一定篇幅并且观点明确的文章，会成为纸媒官网的以自己名义发布的信息或者新闻，当然网站的编辑会进行一定的整合和修改；一个就是纸媒官网开通的投稿入口，虽然对于软文的质量要求较高，但是软文依然有进入的机会。此外，还有就是纸媒向企业收取一定的费用，在官方网站刊登软文。

第三，由行业网站到非行业网站。

几乎所有的行业，都有本行业内有影响力的行业网站，特别是工业行业，一个行业往往有数家有一定影响力的行业网站，这些网站大多有官方背景，具有权威性，权重大。

公司网站编辑或者细分行业网站的编辑，对于这些网站情有独钟。在这些网站发布软文，会被同类网站或者影响力较低的网站所转载，同时还会被同行业的公司所转载，尤其是涉及行业发展、规划、目标、趋势、数据等文章，同行的企业网站更加热衷于转载。

企业在行业网站发布软文，是一个不错的选择，当然这样的软文需要具备一定的行业视野，且在专业程度上要达到标准，这就要求软文写手在该行业中做到"精通"。

第四，由非盈利性网站到商业性网站。

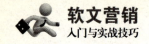

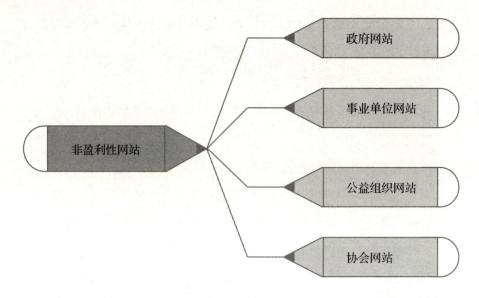

这些网站都多开设有与本机构职能弱相关性的资讯栏目，例如教育网站可能开设有学生兴趣栏目，一些商业教育机构的软文就能够被引用。

再例如政务网站开设的智慧政府栏目，一些介绍监控、安全、政务设备等产品的文章就有被采用的可能。

根据大数据模型分析显示，在这些网站发布的文章，点击率可能不高，但是被其他商业网站转载的次数非常多，同时搜索引擎对这些文章收录的意愿非常强。

第五，由热点事件软文到商业热门事件软文。

网民关注以及讨论热门事件纯粹属于网名对事件的好奇，以及对事件原由从自己的观点进行讨论评价，希望获得其他网民的认可。

凡事都有变化，网络热门事件也是如此。就如 2014 年，当时 90 后互联网人物中最受欢迎的几位，如余佳文、何苦宗、马佳佳等受到网民及粉丝的追捧，成为热门事件，而他们在互联网商家眼中却成为了最有利的商业广告热点人物，这些商家利用与这些人物相关的热门事件炒作软文为企业进行品牌营销。

第十一章

软文营销经典案例

近十年来，网络上不断涌现出大量优质的软文营销经典案例，这些成功的软文案例值得软文创作者学习。作为一名软文写手，在收集软文作为资料的同时，还要对这些经典的软文内容做出分析和借鉴。

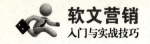
11.1 加多宝凉茶四个"对不起"系列

加多宝凉茶和王老吉凉茶始终竞争激烈。加多宝凉茶为了向王老吉凉茶"示威",曾设计了一套"对不起"系列文案。文案内容如下:

对不起!是我们太笨,用了17年的时间才把中国的凉茶做成唯一可以比肩可口可乐的品牌;对不起!是我们出身草根,彻彻底底是民企的基因;对不起!是我们无能,卖凉茶可以,打官司不行;对不起!是我们太自私,连续6年全国销量领先,没有帮助竞争队友修建工厂、完善渠道、快速成长……

"对不起"体用醒目的方式出现在文案中,配上一张张哭泣的宝宝照片,显得加多宝十分弱势。

为了回应加多宝凉茶的这一"攻击",王老吉凉茶也按照加多宝凉茶的画风,制作了一套与之对应的"没关系"体。王老吉凉茶的文案是这样的:

没关系!是我们太囧,费了17年的时间才懂得祖宗留下中国的凉茶需要自己细心经营;没关系!是我们出身优越,但不改一颗自立的决心;没关系!是我们要赢,凉茶要卖好,官司也不能输;没关系!连续10几年让你们放手去做,没有介入日常运营、渠道建设、在背后默默付出……

每一条文字配入的插图都是一张孩子灿烂的笑脸。其文字的正能量以及配图的精巧,和加多宝形成了鲜明的对比。王老吉凉茶的这番回应反而获得了更多群众的支持。

11.2 "代代相传"的百达翡丽

高端手表品牌百达翡丽的著名广告宣传词"开创属于自己的传统"早

已成为明显的品牌标识。强烈的情感表达是该广告宣传活动长期以来备受推崇的主要原因，亦将百达翡丽顾客信奉的人生价值与这一家族制表企业第四代掌门人信守的理念进行了融合。

百达翡丽曾推出一则广告影片，生动展现出一块手表成为父子之间的情感纽带，讲出一个"代代相传"的故事。不论何种文化背景，这种真挚情感可以令每一对父子感同身受。经典的广告语"没有人能真正拥有百达翡丽，只不过为下一代保管而已"，将品牌的持久质感表达得朴素而又高贵。

11.3 维吉达尼主打"农户故事"

根植于淘宝的一些品牌，就常常以"故事"软文取胜。如在淘宝上小有名气的农产品牌——维吉达尼，"维吉达尼"是维语"良心"的意思，无论在维吉达尼的淘宝店铺，还是微博、微信上，创业者希望把农户的故事融入至产品中，每个产品蕴含着一个故事。

在店铺成立之初，维吉达尼以农户实名发了几条微博，同时得到姚晨、周鸿祎等名人微博的转发，刚刚成立的维吉达尼的知名度迅速提升，维吉达尼也被打造为一个有温度、有情怀的品牌。

现在，维吉达尼在新疆有大约 500 家合作农户，从互联网上重复购买的客户约 3 万人，农户和农产品消费者共同组建了一个温暖的社群。

这正是一个以真实故事打动消费者的典型案例，正是利用了消费者的同情心，运用人性的魅力，对于自身产品进行推广。

11.4 "全世界都欠汪峰一个头条"

微博一直有个活动，叫"帮汪峰上头条"。大家提到汪峰，第一时间

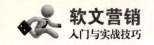

想到的就是"全世界都欠汪峰一个头条"。根据不完全的数据统计，这个话题在微博上的阅读量已经达到千万，甚至有细心网友特意总结了汪峰上头条失败的相关数据。

2013年9月13日，汪峰发表长微博宣布离婚，次日王菲和李亚鹏离婚。2013年11月9日，汪峰演唱会告白章子怡，第二天恒大夺冠，国人为之振奋。2013年11月10日，汪峰宣布发表新专辑，结果碰上吴奇隆和刘诗诗宣布恋情。2014年，汪峰新专辑问世前，嫦娥三号发射成功，国人的目光再一次聚焦到国家这一超前技术中。2014年3月8日，汪峰宣布要举行世界巡回演唱会，结果发生了马航失事这一令国人悲痛的事件。2014年3月，汪峰获得音乐风云榜最佳歌手奖，然而文章和马伊琍的"且行且珍惜"再度抢占了热门头条。直到2017年10月8日，汪峰发表17年经历回望，却又毫无防备地被鹿晗和关晓彤的恋情遮住了热度。

无论"全世界都欠汪峰一个头条"这个话题是否是营销团队策划而成，这个话题本身都获得了极大的关注度。所有人都等着看汪峰下一次发布重大消息时会有怎样的事件能够抢占头条，自然对汪峰的各种信息都变得关注。每当有重大事件发生时，汪峰也会被自然而然地拉来蹭热度，这也使得他的知名度一直很高。

11.5　脑白金的"洗脑"软文

"今年过节不收礼，收礼只收脑白金"这句广告词已经红遍大江南北，人尽皆知。

脑白金软文营销的开始，是关于"人类可以长生不老吗""两颗生物原子弹"这样的文章。大家看标题一定会认为这个文章是非常一般的，因为我们从文章的标题上看就是普通的科普新闻。但是这样的标题却可以轻松地抓住读者的心理。很多人都对"长生不老"很好奇,"脑白金"就是利用有争议的话题进行炒作,从而达到营销的效果。

"脑白金"在之后的文章营销中,一步一步让读者想要揭开其谜底,这就是其营销点。就如同你在看一本很美的书籍,你很想知道其最后的结果是什么,便会急于翻看最后一页的答案。就在这个时候,"脑白金"这个产品的推出,如"救世主"一般,让用户感觉这个产品是非常强的。就这样,"脑白金"轻松地进入了我们的眼帘。

由"脑白金"软文营销模式,不难看出的是,软文营销的效果还是很大的。尤其是对于电商来说,软文营销绝对是很好的营销策略,可以更好地推出自己的产品,营销自己的企业品牌,最终达到高收益。

11.6　中和堂咳嗽灵

中和堂咳嗽灵曾经在各大网站、报刊、官网上刊登过这样一篇文章:

那天我感冒了,很难受,已经咳嗽了一个上午,感觉快受不了了。不知道是不是我传染给我同桌了,第二天的时候,我同桌也跟着我一起咳嗽了起来。她埋怨我了,说是我传染给她的,害得她都没什么精神上课了。我也很无奈啊,我能怎么办?

然后她中午休息的时候拿出了一包止咳药叫什么中和堂祖传咳喘灵出来,我直勾勾地望着她,她小心翼翼地打开包装,我问她这是什么?她说止咳药啊,剩下一包了。我其实咳了几天了,吃了很多药都不行,下午还要上台演讲,所以我就很不要脸地问她:"可不可以分半包给我,我下午要演讲,真的咳的不行了。"

她说:"我分一半给你,那我怎么办?"我没说话,默默地喝了一口

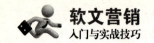
水，不过她还是倒剩下半包给我了，她说："你要记得今天你欠了我一半，知道吗？"我立马把药混着水喝了下去，下午不咳嗽了，虽然喉咙还有些疼，不过已经舒服多了，演讲也非常顺利。

不过自此之后，她就经常说我欠她一半，然后要我帮她打饭打水什么的。我也不得不遵命去做，渐渐地，毕业那天到来了，我问她，我欠你的那一半还了吗？她说："没有，你永永远远地欠我那'一半'。"我说都毕业了，还欠你一半啊？你给我来个痛快！

之后我们在一起了，因为她说："我要你做我的那一半。"

这个止咳药的文章故事十分精彩，简短的广告内容点名指出了该品牌疗效快的效果，同时，讲述了一个青春爱情故事，让读者阅读时心情愉快。

11.7　婚纱网店品牌故事

软文营销的好处就在于可以不动声色地将所要宣传的品牌插入到文章当中，同时还能用温情故事带给读者不一样的感动。例如，此前在网络上，一家网红婚纱突然火了起来。这正是因为一篇名为《在婚纱网店中等待来的爱情》软文的效果。文章运用第一人称，通过婚纱网店店主的视角进行展开。文章具体内容如下：

有时候，人真的很渴望幸福；有时候，幸福来的时候却不知道；其实更多的时候，幸福就在你身边的不远处。

今晚来到西湖，一个人，心里很平静又很幸福，西湖的水也很平静。不知千年来的西湖，见证了多少良缘美眷，我不知道。然而我也知道，有很多缘分也是在这里相遇。小时候观看《新白娘子传奇》，白娘子和许仙的故事，总是让每一个少女心起波澜。同样我也渴望遇上我的许仙，在某一个黄昏雨中,漫步西湖。

毕业后的我,在一家婚纱店上班,天天看着穿着婚纱的女孩子,心中无比地羡慕,我在等待我的许仙。杭州地区的婚纱竞争还是比较激励,老板娘鼓励大家要有创新精神,提高了回扣。我大学时学的是电子商务,于是投入在网上经营中,从淘宝到易趣,一个个店子地经营,比较辛苦,回报不多,毕竟我们的生意还是在杭州,全国的网上平台比较难适应。生活无波无浪,照着镜子,人又老了一岁,其实我身边有着一大堆男人,可是就是对不上味。2008年,我转回本地网络经营,这时杭州的网络也有了很大的发展,真是好时机,我在最有名气的杭州打折网开了一个店子,叫"紫薇婚纱店",我母亲就叫紫薇,父母幸福的婚姻是我一直的向往。

紫薇婚纱店慢慢地红火起来,现在时尚的杭州女孩都在网上找她们梦中的嫁衣,而我为她们出谋划策,看着每一个女孩子穿着婚纱转来转去的样子,我心中充满着幸福,又充满着渴望。我等待我的许仙,我的婚姻是什么样子的呢?从小时候起,我就想象策划我的结婚典礼,具体到了什么样的戒指、什么样的地毯,还要让我姐姐的女儿帮我牵婚纱,最重要的是,婚纱照一定要到西湖拍。

杭州打折网开展活动,邀请网上的商家参加,婚纱生意很好,我受邀参加了活动。就在这次活动中,我遇上了他。一身黑西装,笔挺笔挺的,俊朗的脸,笑起来,腮上还有两个小酒窝,一下子吸引了全场的眼球。我心想,这样的人,也是开网店的吗?

会上,他发言了。原来他是在一家IT公司上班的,在打折网开网店是业余,IT出身的他,熟悉网店,他的业务比我的还多。他口才很好,还时不时幽默一下,座谈时,大家纷纷跟他交换名片。我把我的名片递过去时,他"哦"了一声,抬起头,说:"你就是紫薇店主啊?这么年轻,想不到哦。"

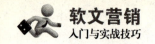

　　我望着他明亮的眼睛，心中一种没有的波澜涌起，胸口加速起伏。我做生意已经多年了，什么人都见过，为什么见到他就这么激动呢？

　　我极力保持镇定，微微笑了一下，就折回自己的座位。互动活动时，意外地，我跟他一组，游戏规则是：男的背女的，男的眼睛拿黑布绑着，女的在背上为他指路，直到把气球踩破。卧在他厚实的背上，不免有些心猿意马，那么温暖。我在他耳边指着方向，我看到，他脸也红了，这种红，绝不是背累的红，应该是……

　　我们配合得很默契，第一个踩破气球。奖品是杭州打折网给予我们一个月的免费广告版块。他的网店在打折网的左边，我的在右边。他跟打折网的负责人说："可不可以中间拉一条红线啊，作为两家网店的沟通点。"我也在旁边，脸红了，低下头，假装听不见。会后的时候，他主动走过来，送我回家。

　　第二天早上七点，我手机响了，竟然是他，朦胧的眼睛霎时地闪亮。"喂，你好。"电话那边的声音很有礼貌，那种温馨的礼貌，他说："醒了没，看看网站。"我急速地打开电脑，天呀，想不到打折网这么配合，网站首页，我们的广告中间，真的有一条红线。如果说我人生幸福的时刻有十格的话，那么这一刻占了八格。

　　我们开始交往，QQ聊、短信、电话，最经典的还是网店留言。

　　缘分，就是这样。有时怎么等也等不到，有时忽然就来了。我和他慢慢地确认了关系，慢慢牵手走在一起。十二月份，我们走进了教堂，我梦中的嫁衣，梦中的地毯，还有梦中的他，在婚礼曲中，我流泪了，不断地问自己，这是真的吗？这是真的，我拥抱我的幸福。愿天下有缘人也终成美眷。

　　正是这样一篇温馨的文章，用朴实的文风吸引了一大批网友的关注，大家在羡慕文章主人公美好爱情的同时，还对紫薇婚纱店留下了深刻的印象。因为这段美好的爱情故事为婚纱网店打出了稳固的知名度，这家网店也成为了美好爱情的象征，所以一旦用户有此方面的需求，第一反应便是这家网店。

不得不说，这样的软文营销方式是十分有效的方法之一。

11.8 天下文化出版社宣传广告

奥美广告公司曾为天下文化出版社创作了一篇软文，文章的名字叫做《我害怕阅读的人》。这篇文章发表时，选取了黑白图片的配色，以其深沉的文字内容，以及反向思维的方式，迅速获得了网友的关注。这篇软文也被网友称为最有内涵、最引人深思的文章之一。软文内容如下：

不知何时开始，我害怕阅读的人。就像我们不知道冬天从哪天开始，只会感觉夜的黑越来越漫长。

我害怕阅读的人。一跟他们谈话，我就像一个透明的人，苍白的脑袋无法隐藏。我所拥有的内涵是什么？不就是人人能脱口而出，游荡在空气中最通俗的认知吗？像心脏在身体的左边，春天之后是夏天，美国总统是世界上最有权力的人。但阅读的人在知识里遨游，能从食谱论及管理学、八卦周刊讲到社会趋势，甚至空中跃下的猫，都能让他们对建筑防震理论侃侃而谈。相较之下，我只是一台在 MP3 世代的录音机，过气、无法调整。我最引以为傲的论述，恐怕只是他多年前书架上某本书里的某段文字，而且，还是不被荧光笔画线注记的那一段。

我害怕阅读的人。当他们阅读时，脸就藏匿在书后面。书一放下，就以贵族王者的形象在我面前闪耀。举手投足都是自在风采。让我明了，阅读不只是知识，更是魔力。他们是懂美学的牛顿，懂人类学的梵谷，懂孙子兵法的甘地。血液里充满答案，越来越少的问题能让他们恐惧。

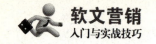

彷佛站在巨人的肩膀上，习惯俯视一切。那自信从容，是这世上最好看的一张脸。

我害怕阅读的人。因为他们很幸运，当众人拥抱孤独、或被寂寞拥抱时，他们的生命却毫不封闭，不缺乏朋友的忠实、不缺少安慰者的温柔，甚至连互相较劲的对手，都不至匮乏。他们一翻开书，有时会因心有灵犀而大声赞叹，有时又会因立场不同而陷入激辩，有时会获得劝导或慰藉。这一切毫无保留，又不带条件，是带亲情的爱情，是热恋中的友谊。一本一本的书，就像一节节的脊椎，稳稳地支持着阅读的人。你看，书一打开，就成为一个拥抱的姿式。这一切，不正是我们毕生苦苦找寻的？

我害怕阅读的人，他们总是不知足。有人说，女人学会阅读，世界上才冒出妇女问题，也因为她们开始有了问题，女人更加读书。就连爱因斯坦，这个世界上智者中的最聪明者，临终前都曾说："我看我自己，就像一个在海边玩耍的孩子，找到一块光滑的小石头，就觉得开心。后来我才知道自己面对的，还有一片真理的大海，那没有尽头。"读书人总是低头看书，忙着浇灌自己的饥渴，他们让自己是敞开的桶子，随时准备装入更多、更多、更多。而我呢？手中抓住小石头，只为了无聊地打水漂而已。有个笑话这样说：人每天早上起床，只要强迫自己吞一只蟾蜍，不管发生什么，都不再害怕。我想，我快知道蟾蜍的味道了。

我害怕阅读的人。我祈祷他们永远不知道我的不安，免得他们会更轻易击垮我，甚至连打败我的意愿都没有。我如此害怕阅读的人，因为他们的榜样是伟人，就算做不到，退一步也还是一个我远不及的成功者。我害怕阅读的人，他们知道"无知"在小孩身上才可爱，而我已经是一个成年的人。我害怕阅读的人，因为大家都喜欢有智慧的人。我害怕阅读的人，他们能避免我要经历的失败。我害怕阅读的人，他们懂得生命太短，人总是聪明得太迟。我害怕阅读的人，他们的一小时，就是我的一生。我害怕阅读的人，尤其是，还在阅读的人。

这篇文章内容振聋发聩，使读者读完之后引发沉思，且文章内容符合出版社的品牌定位，因此，能够受到读者的转发与讨论。这篇软文的成功投放，也为天下文化出版社带来了不小的收益。

软文营销是品牌宣传的好朋友

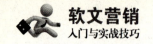

有过一定营销经验的人应该都知道，软文是颇具效果而又经济的营销方式之一。每一篇好的软文，都是经过深思熟虑和认真分析而得出的结晶。在写一篇软文之前，软文写手要知道哪些人会看软文，从性别、年龄、专业、职位等方面进行定位分析，明确用户群体，根据用户的特性来撰写。

靠软文营销走红的产品不胜枚举，远的如史玉柱的脑白金广告，可以说是应用软文最成功的案例之一。再比如，近年在网络中兴起的野兽派花店、气味图书馆、喜茶等品牌，都借助了软文营销的魔力。

这些企业或品牌无一不是靠着软文营销，或迅速打开了市场，或提升了名气，或让产品的下载量飙升。

当然，这些都是非常极端和稀少的案例，这些企业之所以仅靠软文就能取得成功，一是有天赋和资源，二是前期做了很多的积累。尽管如此，软文的重要性在当今鱼龙混杂的营销方式中最为耀眼和受青睐，这是无可非议的。

可以说，软文营销是品牌宣传的好朋友。

软文会为企业网站带来流量是很显然的，有的是直接通过链接实现，有的是间接让用户从搜索引擎、博客、社交媒体等进入网站。

一篇好的软文如果被大量转载传播，包括网站上的、微信微博上的、博客上的，甚至纸媒上的，那么企业或产品的曝光度会大大增加，如果形成病毒式传播，效果则成倍增长。

除了能够增大品牌曝光度以外，软文营销最大的特点，也是最吸引企业方、品牌方的一点便是其低成本。做营销需要钱，一般的企业无法负担高额的电视广告营销费用。而软文营销则比较省线，只要投入软文创作和推广的人力物力，就会使口碑和品牌效应与日俱增。

软文营销还具有生效快、周期长的特点。好的软文一旦被发现就会起作用，会被大量转载传播，这样循序渐进，很多文章即使多年过去依然还在网上流传很广，这也就是软文的传播效应，要比硬广告好得多。很多人写软文的时候都会加上网站的链接，而由于软文的高效性，这些文章就成为了网站的高质量外链，推进网站的排名。不过应注意，不要强加外链。

所有的这些都是为了销售，企业品牌和口碑日渐成熟后，流量和转化率都会提高，而此时打开销售市场开始变得简单，整体销售也会水涨船高，口碑和品牌将转化为利润。

目前乃至以后，软文营销都是非常好的一种营销手段，而且还会日益壮大。但企业实施的时候需要注意软文的"软"，如果只是想短期获利，可以大批量广撒网式随便发；而如果是长期计划，想开拓市场、推进品牌建设，建议还是好好编辑内容，宁缺毋滥，不要给自己带来负面影响。